Franz Wilhelm Junghuhn

Rückreise von Java nach Europa

Mit der sogenannten englischen Überlandpost im September und October 1848

Franz Wilhelm Junghuhn

Rückreise von Java nach Europa
Mit der sogenannten englischen Überlandpost im September und October 1848

ISBN/EAN: 9783337359454

Hergestellt in Europa, USA, Kanada, Australien, Japan

Cover: Foto ©Andreas Hilbeck / pixelio.de

Weitere Bücher finden Sie auf **www.hansebooks.com**

Rückreise

von

Java nach Europa

mit der

sogenannten englischen Überlandpost

im September und October 1848

von

Franz Junghuhn

Aus dem Holländischen übertragen

von

J. K. Haßkarl.

Mit 4 Ansichten und 2 Karten.

Leipzig,

Arnoldische Buchhandlung.

1852.

Vorwort.

Anfangs war es nicht meine Absicht, diese Reise zu veröffentlichen, besonders weil andere Arbeiten mich sehr beschäftigten. Ich hatte jedoch das Meiste auf der Reise (von Java bis Holland) selbst schon niedergeschrieben, und Freunde, welche dieses Manuscript lasen oder denen ich einzelne Erlebnisse von der Reise erzählte, munterten mich kräftig auf, mich doch der kleinen Mühe zu unterziehen, meine Aufzeichnungen zu einem Ganzen zu vereinigen, wo es nöthig war, weiter auszuarbeiten und bekannt zu machen, – welchem Rathe ich endlich folgte.

Dies möge zur Erklärung des späten Erscheinens dieser Beschreibung dienen.

Leyden im Januar 1851.

Der Verfasser.

Inhalt.

Seite

I. Von Java bis in die Nähe der Insel Socotora 1
II. Von Arabien bis Alexandrien 71
III. Von Egypten bis nach Holland 167

I. Von Java bis in die Nähe der Insel Socotora.

Meine Gesundheit war zerrüttet und die Kräfte meines Körpers waren nach einem 13jährigen Aufenthalte auf Java und Sumatra geschwächt. – Ich litt an den Folgen der so viele Jahre lang nicht mehr unterbrochenen Einwirkung einer größern Hitze, der nur wenige nordische Naturen auf die Dauer widerstehen können. – Wohl reise ich noch in Krawang, mit geologischen Untersuchungen beschäftigt, mußte aber oft (erschöpft) die höhern, kühlern Gebirgsgegenden aufsuchen, um dem glühenden Klima nicht zu unterliegen.

Der letzte Berggipfel, den ich, durch solche Gründe veranlaßt, den 17. Juni 1848 erstieg, war der Gunung-Tangkuban Pra. Meine Hütte stand auf dem höchsten Punkte seiner südlichen Kratermauer, der sich 6030 par. Fuß über das Meer erhebt und eine mittlere Temperatur genießt von ohngefähr 56° F., während in den Tiefländern am nördlichen Fuße des Gebirges die mittlere Wärme 81,5° beträgt. In der kühlen Luft dieser Region kehrte wieder etwas Willenskraft in die Seele zurück, die mit dem Körper ebenfalls erschlafft und in Gleichgültigkeit versunken war. Die Ermahnungen von Freunden, die mich in meiner Einsiedelei besuchten, trugen dazu bei, mich in meinem Vorhaben zu bestärken, und so gedieh endlich mein Entschluß zur Reise, das Land des ewigen Sommers ein Paar

Jahre lang zu verlassen und in das Vaterland zurückzukehren, das den eisigen Polen so viele Grade näher liegt.

Hier auf dem Kraterrande des Vulkans war es auch, wo ich die Zeitungen aus Europa empfing, die in der Mitte des Juni mit der Landmail nach Batavia gebracht waren. – Revolution in Paris, kaum geahnt und schon beendigt, – Republik ausgerufen, – L o u i s   P h i l i p p entflohn! – dieser vorsichtige König, den alle Welt so fest auf seinem Throne glaubte. – Dies waren die Nachrichten, die auf das Unerwartetste, ganz mährchenhaft, vermeldet wurden und die alle Gemüther auch auf Java in die ängstlichste Spannung versetzten. Es glich die Aufregung der Völker, dadurch veranlaßt, der electromagnetischen Kraft, die sich mit unsichtbarer Schnelle durch die halbe Welt fortpflanzt. – Dazu kamen später noch die Nachrichten aus Bali, – Reformbewegungen, politische Demonstrationen zu Batavia, – ungewöhnliche Witterungserscheinungen, – Höhenrauch, – Regen, – Überströmungen, – Erdbeben! – vulkanische Ausbrüche, – ein erwarteter Komet allhier – und dort in Europa Aufruhr und Krieg; – – so waren die Nachrichten, die zu dieser Zeit auf uns einstürmten und die, wenn auch nicht alle erfreulicher Art, denn doch geeignet waren, auch das erschlaffteste Gemüth aus seiner Lethargie zu erwecken.

Die Auspicien einer Reise also zu dieser Zeit nach Europa waren nicht günstig. Ich war aber krank und bedurfte als Heilmittel der Kälte. Meine Abreise ward daher beschlossen und mein Gesuch um Erlaubniß abgesandt an die hohe Regierung zu Batavia, in deren Auftrag ich reiste.

Ehe ich den Berggipfel und die schönen Wäldchen, die ihn umgrünen, verließ, sah ich noch einmal nieder in das weite Kesselthal des Kraters, dessen Grund 800 Fuß tief zu meinen

Füßen lag und ließ dann meinen Blick über den jenseitigen (weniger hohen) Kraterrand hinweg- und hinabgleiten in das ferne Land von Krawang, das 6000 Fuß tiefer lag und das sich mit dem ewigen Grün seiner Felder und Wälder bis an's Meer hinzog. So glatt und blinkend, wie ein silberner Spiegel lag dies stille javanische Meer vor uns da, während die Morgensonne mit ihren ersten Strahlen hinter den fernen Kegeln Tjěrimai und Tampomas hervorblickte und mit dem Lichtglanze, der sie umgab, einen goldenen Hintergrund bildete, auf welchem sich die dunkeln Gestalten dieser hohen Berge deutlich abzeichneten; – sie vergoldete dann noch manche andre Bergspitzen und goß ihren Schein aus über das weite grüne Land, in welchem Tausende von Menschen und Thieren zu neuem Leben erwachten.

Es war ein Bild schöner und majestätischer Ruhe, vergleichbar mit dem menschlichen Gemüthe, das in F r i e d e n lebt. Dicht zu unsern Füßen aber lag der weite, wüste Schlund des Kraters und dieser erinnerte an die Leidenschaften der Menschen, wenn diese in Wuth ausbrechen, sich selbst und ihre Werke zerstörend. Zwar lag auch dieser Mund des Vulkans jetzt in tiefer Stille da, – auf der Kraterwand zu unserer Linken lächelte lieblich der erste Sonnenschein und ließ grell den Schatten erkennen von einigen Falken, die langsam und friedlich über den weiten Raum hinüberschwebten. – Nichts als das Echo hallte wieder, wenn man hinabrief oder einen Stein in die Tiefe warf, – sonst war Alles still; – aber die Kahlheit der Felsen, die Hunderte von Fußen hoch emporstarren, – die hingestreckten Wälder und schwarzgebrannten Baumstämme des äußern Gehänges, – die bleiche Farbe der Asche, wovon Alles überschüttet war, – die Abwesenheit von aller Vegetation im Innern, – der völlig nackte Grund, aus dem man bei genauerer Betrachtung doch noch Dämpfe emporsteigen sah, – dies Alles rief dem Reisenden warnend zu: „Traue dieser Ruhe des Kraters nicht, denn sie gleicht mit der schönen belebten Natur umher ganz dem menschlichen Gemüthe und dem Leben der Völker, das leicht durch Leidenschaften getrieben wird, sein eignes Glück zu vernichten, – aber so wie die Waldung rund um den Krater nur so lange blüht und grünt, bis ein neuer Ausbruch aus dem Schlunde kommt, der Alles wieder verwüstet und, was in langen Jahren allmählig wuchs, oft in einer Nacht zerstört."

Dennoch konnte ich diesen Berggipfel nicht verlassen ohne ein wehmüthiges Gefühl. Sind doch diese Kraterthäler die schönsten auf Java und von allen Landschaften der Insel am reichsten an malerischer Abwechselung, – tritt doch das Starre, Nackte der Felsen, das Kolossale der Dimensionen daselbst in den anziehendsten Contrast mit dem umgebenden Grün, – sind doch die niedrigen Alpenbäumchen, die dort wachsen, die lieblichsten der Insel, die fast immer mit den schönsten farbigen Blüthen geschmückt sind, – ist doch die Luft auf diesen Höhen so rein, so kühl, genießt man doch von dort die herrlichste Aussicht rundum über das weite, tiefe Land, – ist das Innere der Krater doch so einsam, so ungestört, so beschützt vor allen Winden, – lächeln die Seen, die in vielen derselben liegen, den Reisenden doch so freundlich, so friedsam an, –
und giebt ihnen der Gedanke an die gewaltsamen, vernichtenden Kräfte, die u n t e r ihnen in der Tiefe schlummern, doch einen so eigenthümlich bangen Reiz, daß man unwillkührlich gemahnt wird an den Wechsel des Schicksals im Leben der Menschen und an die Vergänglichkeit alles irdischen Glücks, – und hatte mich doch eine lange Reihe von Jahren mit allen diesen Kratern auf Java so vertraut gemacht, daß sie mir lieb geworden waren, wie eine zweite Heimath! –

Erinnerungen und Gefühle dieser Art fesselten mich an den Ort und ich saß (von Thibaudiabäumchen überwölbt) n o c h am Kraterrande, als meine javanischen Begleiter den Gipfel schon verlassen hatten und am Gehänge hinabeilten. Ich warf noch einen Blick hinab und rundum – und folgte ihnen. Doch war es mir unmöglich von diesem Berge (dem letzten, den ich vor meiner Rückkehr nach Europa ersteigen sollte,) Abschied zu nehmen und ihm das „Lebt wohl, ihr Berge!" – zuzurufen, ohne den heimlichen, aber innigen Wunsch zu empfinden: „a u f W i e d e r s e h n."

Diese Hoffnung auf Wiedersehn tröstete mich auch, als ich, kaum erquickt von der größeren Kühle dieser Region, wieder herab in das tiefere Land stieg und dem heißen Batavia zueilte.

Ich kann nicht unterlassen, der wohlwollenden Rücksicht hier zu gedenken, welche die Regierung auf meine geschwächte Gesundheit nahm, nicht nur, um mir den erbetenen Urlaub nach Europa zu bewilligen, sondern auch um meine Abreise in ein kälteres Klima zu beschleunigen. Besonders verpflichtet bin ich Sr. Excellenz dem Hrn. Generalgouverneur J. J. R o c h u s s e n, der mich sehr liebreich behandelte und mich beim Abschied mit den herzlichsten Wünschen entließ.

Dennoch verzögerte sich meine Abreise bis gegen Ende August und dieser fast zweimonatliche Aufenthalt in dem heißen Klima von Batavia wirkte noch mehr erschlaffend auf meine geschwächte Gesundheit. – Erst mit dem Kriegsdampfer E t n a, den der erste Lieutenant E s c h a u z i e r commandirte, war es mir vergönnt, nach Singapure zu gehn, von wo die mit der Landmail aus Europa angekommenen Briefe abzuholen und andere dahin gerichteten zu überbringen waren.[1]

Endlich, in dem Nachmittag des 27. August konnte ich Batavia verlassen und begab mich an Bord des E t n a in Begleitung meines Freundes und Collegen Dr. S c h w a n e r, der erst vor Kurzem von seinen weiten Reisen auf Borneo zurückgekehrt war und zur Ausarbeitung seiner Karten noch einige Zeit auf Java zu bleiben gedachte.[2] – Den folgenden Morgen sollte das Dampfschiff die Rhede verlassen. Dieser Gedanke stärkte mich verbunden mit der Einwirkung der kühlen Seeluft, die ich des Abends auf dem Verdecke genoß und nun erst fing ich an, mich zu freuen, denn erst nun konnte ich die Schwierigkeiten, die sich meiner Abreise entgegengestellt hatten, für überwunden achten und die Hoffnung hegen, dem Vaterlande s i c h e r zuzueilen.

Wir verließen am 28. August 1848 früh die Rhede von Batavia. Die Wasserfläche war todtstill, – sie glich einem glänzenden Spiegel und die Schiffe, die unbeweglich darauf lagen, glichen den Häusern einer Stadt; auf dem einen Schiffe wurde gesungen, auf dem andern getrommelt und gepfiffen, – und auf noch andern ertönte, den Rhythmus der täglichen Verrichtungen der Seeleute abmessend, die Schiffsglocke, deren Klang weit über die glatte Fläche hinscholl. Falco pondicerianus umkreiste die Masten noch eben so, wie vor 13 Jahren, als ich den Busen voll geschwellter Erwartungen, erhoben durch unbegrenzte Hoffnung hier ankam, – die Physiognomie der Küste mit ihren weißen und rothen Häusern, die durch das Grün hindurchschimmerten, war noch ganz dieselbe, – auch der Zuckerhut des Gunung-Panggerango blickte aus blauer Ferne noch eben so, wie damals, über die untern dunstreichen Luftschichten herab, – die ganze Natur war die alte, unveränderlich getreu in allen ihren Nüancen, – – nur i c h war nicht mehr derselbe, ich in meiner Denkweise, in meiner Empfänglichkeit für die Eindrücke der Außenwelt war ein Andrer geworden und sah nun kalt, erregungslos und gleichgültig auf dieselbe Welt herab, die mich vor 13 Jahren, als ihr Antlitz für mich noch ein ganz fremdes war, so lebhaft erregte, so unwiderstehlich anzog und zur Erforschung ihrer Eigenthümlichkeiten entflammte.

Außer der Schwächung des Körpers durch die anhaltende Hitze und den verlornen Reiz der Neuheit nach allmählig genauer gewordener Bekanntschaft mit der tropischen Natur, ist es, glaube ich, vor Allem der M a n g e l a n A b w e c h s e l u n g in den Jahreszeiten und in den Erscheinungen des Luftkreises, – es ist die zwischen den Tropen ununterbrochene Dauer des Sommers, es ist das ewige Grün, das den Geist der Europäer auf Java zuletzt erschlafft und in Gleichgültigkeit gegen die Schönheiten javanischer Natur versinken läßt. – Man verlangt endlich nach Veränderungen, von welcher Art auch, man hat Bedürfniß nach etwas Neuem. Eben so sehnsüchtig, wie ich vor 13 Jahren nach dem üppigen Grün der tropischen Wälder verlangte, so sehnte ich mich jetzt nach einer kahlen Winterlandschaft, – ich verlangte nach E i s, nach S c h n e e.

Unser Schiff setzte sich um 6¾ Uhr des Morgens in Bewegung, – das eiserne Dampfboot O n r u s t[3] fuhr vor uns hin und die befreundete Küste trat immer mehr zurück. – Ich hatte gestern von meinen Bekannten ziemlich gleichgültig Abschied genommen, – jetzt erst, nun ich unwiderruflich von ihnen getrennt war, nun ich mich mit jeder Minute weiter von ihnen entfernte, bemächtigte sich meiner ein Gefühl, das mich zu ihnen zurückzog, – eine lebhaftere Theilnahme erwachte, – meine Gedanken kehrten zu ihnen zurück, zu den Bewohnern dieses Landes, die mir durch einen vieljährigen Umgang lieb geworden waren und ich bedauerte nun mit einem reuigen Gefühl, gestern in meiner Gemüthserschlaffung, in dem Scheintode aller herzlichen Gefühle, ihnen nicht wärmer die Hand gedrückt zu haben!

Den 28sten hatten wir bei stets heiterem Wetter eine stille, kleinwellige See und wenig Wind. – Außer den vielen kleinen Inseln der Rhede von Batavia und denen, die von der Rhede an nach Norden zu regellos zerstreut vorkommen, sahen wir die sogenannten T a u s e n d - I n s e l n, die zwei-, drei-, ja vierfach hinter einander gruppirt, einen von Süd nach Nord ausgedehnten kleinen Archipel bilden, an dessen Ostseite wir vorüberfuhren. Sie blieben also links liegen, die nächsten etwa drei bis vier englische Meilen entfernt. (Ihre Lage: der Lampongspitze gegenüber, doch dem Meridian von Batavia näher, als dem von Bantam.) Der sogenannte „Süd- und Nordwächter" bezeichnen ihre Grenzen der Längenausdehnung nach. Sie gleichen vollkommen den Inseln der Rhede und allen übrigen, die wir in diesem Meere sahen, – die größten haben drei bis fünf englische Meilen, die kleinste eine Viertelmeile im Durchmesser; sie sind f l a c h, mit Wald bedeckt. Jede Insel ist nur e i n Wald. – K e i n kahles Fleckchen. Die nähern lassen zwischen ihrer grünen Waldung und dem glänzendblauen Meere noch einen weißen Küstenstreifen erkennen.

Ihre Zahl ist etwa 40-45. Sie sind eine rechte terra incognita, noch nicht aufgenommen, denn die Schiffe fahren in weiter Entfernung nur um sie herum, weil die Untiefen, Klippen, – Korallenbänke, womit die Inseln untermeerisch verbunden sind, alle Annäherung verbieten. Nur Räuberfahrzeuge besuchten sie früher. Sie liegen regellos zerstreut und sind wahrscheinlich nur einzelne Punkte e i n e r   e i n z i g e n großen Korallenbank, – nämlich d i e Punkte derselben, die (einige Fuß) ü b e r den Meeresspiegel hervorragen. – Ob die Korallen auf Tertiärschichten ruhen? – auf einer submarinen Erhebungslinie, die der Ostküste von Sumatra (den Lampong's) parallel läuft?

Vom „Nordwächter," der im Nachmittag des 28sten noch sichtbar war, sahen wir keine Inseln mehr; wir durchschnitten nun vom 28sten Abends an die Nacht durch, nord-nord-westwärts den langen Raum zwischen diesen nördlichsten der Tausend-Inseln und der Insel Lucipara, die am südlichen Eingang der Straße Bangka liegt; – als der Abend fiel, wurden zwei verschiedenfarbige Laternen an den Masten aufgehängt, die eine mit rothem Glas und rothem Lichtschein hinten am Fockmaste und die andere mit grünlich-gelbem Lichte vorn am großen Maste (das Zeichen der Dampfschiffe bei Nacht).

Die Nacht war hell und windstill, – die See kleinwellig.

Den 29sten des Morgens um 7½ Uhr bei ganz heiterem Wetter kam uns die Lucipara-Insel zu Gesicht und etwas später erschien als ein langer dunkler Streifen auch die flache, niedrige Küste von Sumatra. Wir dampften zwischen beiden hindurch. Lucipara, die rechts liegen blieb, war eben so flach und waldig, wie die vorigen Inseln und hatte in ihrer Mitte einen kleinen kegelförmigen Höcker. Ihr Durchmesser beträgt nach den Seekarten 1½–2 engl. Meilen. –

Schon um 7 Uhr fing das Wasser an sich immer grünlich-heller zu färben. Um 8 Uhr waren wir noch 7 engl. Meilen von der Küste entfernt und erblickten vorn, im Eingang der Straße Bangka, sieben (größere und kleinere) Schiffe, die dem Meere ein recht belebtes Ansehen gaben. Als wir uns der Richtung: West von Lucipara-Insel und Ost von Lucipara-Spitze (Sumatra's) näherten, fingen wir an zu peilen und unsern Cours Nord-West bei 4½–5 Faden Wasser in Nord-Nord-West zu verwandeln. Wir näherten uns also mehr der Küste von Sumatra, die deutlicher wurde und sich als niedriges, flaches, sumpfiges Land darstellte, mit Waldung bedeckt.

Wie eine Mauer stieg der Waldsaum dieser Küste von Sumatra empor und erhob sich gewöhnlich in einer doppelten Terrasse, zweimal hinter einander. 1º Man unterschied einen vordern niedrigen Waldstreifen, der wahrscheinlich aus Rhizophoren bestand und sich wandartig aus dem Meere erhob, – 2º einen hintern höheren Wald, der eben so mauerartig und scharf begrenzt war und der hier und da, wo der erstere fehlte, bis an's Meer vorgerückt erschien und dann unmittelbar aus dem Wasser aufstieg. – In diesen Waldmassen bildeten die Bachmündungen schmale Klüfte und erschienen wie schroff hindurchgehauene Straßen oder scharfbegrenzte Kanäle. Ein röthlich-schmutziger Strand war vor diesem Waldsaume kaum zu erkennen. – Wir kamen mehren Schiffen nahe vorbei und waren nur 2–3 engl. Meilen von der Küste Sumatra's entfernt.

Um 11 Uhr befanden wir uns der ersten vorspringenden Ecke Sumatra's (het eerste punt der holl. Seekarten) gegenüber, deren Waldung aus mäßig hohen Bäumen zusammengesetzt war und mit einer scharfen Grenze wie eine Mauer endete; – wir konnten die weißlichen, schlanken und geraden Stämme deutlich unterscheiden; – der Strand machte sich durch eine trübe schlammig-braune Färbung des Wassers kenntlich, die bis weit vom Lande ab in die See hinaus reichte. Auch Bangka wurde in größerer Ausdehnung sichtbar und stellte sich als ein flaches oder doch sehr niedrig-hügeliges Land dar.

Von 1 Uhr an kam uns der höchste Berg Parmasan auf Bangka zu Gesicht und bildete einen langgedehnten, convex-buckligen Wulst, der in der Richtung von Süd-West nach Süd-Ost seine größte Längenerstreckung zu haben schien. Weil sich sein Gehänge Absatzweise erhebt, so glaubt man, daß er aus mehren, in der angegebenen Richtung hintereinander liegenden Bergen bestehe, von denen der mittelste der höchste ist. Wir schätzten diesen auf 2–2½ tausend Fuß. – Seitwärts, sowohl zur Linken als zur Rechten, dieses Bergzuges war Alles, was wir sahen, nur niedriges Land, das eine eben solche flache Waldküste bildete, wie das gegenüber liegende Sumatra. Während der Himmel über der letzteren Insel, die, so weit man hier sehen konnte, flach ist, heiter war, so lag über dem gebirgigen Bangka eine düstere Wolkendecke ausgestreckt und die Berge erschienen in einem dunkeln Blau, das Meerwasser war aber grünlich-hell (s. Fig. 1, Gunung-Parmasan). – Indem wir durch die Straße von Bangka weiter dampften, die an ihrer schmalsten Stelle, gegenüber het eerste punt nur 5, übrigens aber 7–10 engl. Meilen breit ist, kamen uns Erscheinungen entgegen, die schon Columbus als Beweise nahe liegender großer Flußmündungen betrachtet hatte, nämlich eine Menge treibendes Holz und Bambus; – zugleich rückte uns mit dem gedrehten Winde, der nun aus Norden blies, die schwarze Luft immer näher und bald fing ein Gewitterregen an herabzuströmen, der mit starkem Nordwind bis 3 Uhr anhielt.

Auf unserer Weiterfahrt durch die Straße blieb der Anblick der flachen Küste von Sumatra und der ebenfalls flachen, nur hier und da mit niedrigen Bergzügen oder Hügeln bedeckten Küste von Bangka bis gegen Abend derselbe, und es fing schon an zu dämmern, als uns zuerst der Berg Manumbing sichtbar wurde, an dessen Fuße Muntok, die Hauptstadt Bangka's, liegt. – Es war schon völlig Nacht, als wir uns der Küste näherten, und es mußten drei Kanonenschüsse hintereinander gelöst werden, um den Bewohnern Muntok's zum Signal zu dienen. Alsbald, nachdem die Schüsse gefallen waren, wurden drei helle Lichter an der Küste sichtbar, die unserm Schiffe die Richtung des zu befolgenden Courses vorschrieben und die uns auch bald darauf auf der Rhede von Muntok willkommen hießen, wo wir um 9 Uhr ankerten.

Als am 30. August auf eine helle Nacht, in welcher ein starker Landwind geweht hatte, ein gleich heitrer Morgen folgte, lagen wir südwärts von Muntok und erblickten den langen, waldigen Berg Manumbing nun in voller Klarheit im Norden (s. Fig. 2). – Dann dampften wir noch näher und legten der Stadt gerade gegenüber in Süd-Süd-West an (s. Fig. 2). – Außer dem Manumbing und den Vorbergen und Hügeln, die sich ihm auf beiden Seiten anreihen und die in einer Linie von Nord-Ost nach Süd-West zu liegen scheinen, ist alles Andere, was man von Bangka sieht, niedriges Land; – es ist aber keine Ebene, viel weniger eine Alluvialfläche, sondern es erhebt sich in den mehrsten Gegenden schon von der Küste an oder in geringer Entfernung von dieser und steigt 50–100 Fuß steil empor, um sich dann in kleine Platten auszubreiten. Auf einer solchen Platte liegt die Benteng (Schanze, s. Fig. 3), – von welcher herab ein weißes Haus mit seinem rothen Dache, – wahrscheinlich die Commandantenwohnung – weit in die Ferne schimmert. – Am Fuße dieses Festungsberges, zur Linken desselben, liegt die Stadt, die dermaßen im Gebüsch von Fruchtbäumen verborgen ist, daß man nur einige dem Strande näher liegende Häuser und Hütten derselben gewahr wird; und auch diese sind noch mit Gebüsch umgeben und von Kokospalmen überragt. Nur zwei größere (** auf Fig. 3) von ihnen sind weiß mit rothen Dächern (wahrscheinlich Packhäuser), die übrigen sind graue, oder schmutzig-bräunliche Bambushütten der Eingebornen, die auf dem gelblich-falben Sande zerstreut stehen. Alles Andere ist waldig-grün.

Fig. 1.

Insel Bangka, Gunung Parmasan, W.S.W Seite (um 2 Uhr)

Fig. 2.

Insel Bangka, Gunung Manumbing (S. Seite)

Fig. 3.

Insel Bangka, Muntok

Fig. 4.

Berg auf der Insel Bintang (S. Seite)

Fig. 5.

Berg auf der Insel Bintang (S.W. Seite)

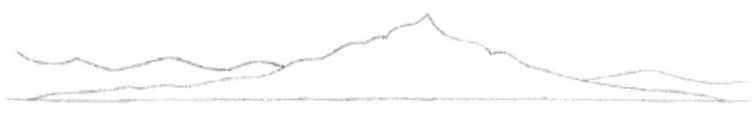

Fig. 6.

Goldberg auf der N. Küste Sumatras

Nur in manchen Gegenden, wie im Süden des Berges auf Fig. 2, ist dem Hügellande ein flacher Strand von etwas größerer Breite vorgelagert; dieser ist dann gewöhnlich mit Rhizophoren bedeckt, die sich zungenförmig in's Meer hinausziehn und deren dunkele Stämme, da sie sich grell auf dem weißlichen Sandboden abzeichnen, man schon aus großer Weite in See unterscheiden kann.

Nachdem der Zweck unseres Anlegens auf Muntok erfüllt, nämlich die Postpackete abgegeben und ein für Palembang bestimmter Offizier an's Land gesetzt war, – setzten wir um 8½ Uhr die Cylinder unsrer Dampfmaschine wieder in

Bewegung, schifften um die scharfbegrenzte, spitze Landecke herum, welche in West-Nord-West von Bangka in's Meer ragt und fuhren dann nach Norden weiter. Wir kamen so nahe an der Küste vorbei, daß wir Baumstämme, Felsen, Alles mit bloßen Augen deutlich unterscheiden konnten. Es zieht sich von jener Spitze ein verflachter, w e i ß l i c h-falber Strand nach Norden und eine Menge rauher, wie angefressener Klippen von s c h w ä r z l i c h e r Farbe ragen, bald einzeln, bald zu ganzen Kämmen, aus diesem Sande hervor, mit dessen Farbe sie einen grellen Contrast bilden; sie vereinigen sich hier und da zu kleinen Wänden und Felspartien und verschwinden dann unter dem Grün von struppigen, nicht hohen Wäldern, die Alles, was vom Lande sichtbar ist, bedecken und in denen man, an ihrem pyramidalen, tannenartigen Wuchse viele Casuarinen (Cas. equisetifolia L. = Tjĕmara laut) bald einzeln, bald zu ganzen Gruppen gewahr wird. – Ähnliche schwarze Klippen tauchen auch noch links aus dem Spiegel des Meeres auf.

Auch noch weiter nord- und nord-ost-wärts von Muntok behielt die Küste von Bangka, so lange wir sie sehen konnten, diese Beschaffenheit und ging einwärts in Landschaften über, die weder ebene Flächen, – noch mit eigentlichen Bergen besetzt waren, sondern die ein 30, 40–100 Fuß hohes, verflachtes Hügelland von felsiger, wenig fruchtbarer Oberfläche zu bilden schienen.

Von Sumatra war nichts zu sehen; der Manumbingberg, convex von Form wie ein gekrümmter Katzenrücken, trat, je mehr wir nach Norden avancirten, immer weiter unter den Horizont zurück – und kaum war die letzte Nordspitze Bangka's aus dem Gesicht verschwunden, als das anfangende stärkere Schwanken unseres Schiffes uns verkündete, daß wir uns auf freierem Meere, weiter von Landtheilen entfernt, befanden.

So heiter der Morgen gewesen war, so düster war die Wolkendecke, die den ganzen Tag lang alles Blau des Himmels vor unsern Blicken verbarg und die oft einen feinen Regen herabströmen ließ. Auch folgte eine eben so trübe Nacht auf den trüben Tag, während wir unter stetem, sehr starkem Schwanken des Schiffes unsern Cours nach Norden verfolgten. Das starke Schwanken des Schiffes bei gleichzeitiger Windstille scheint sich aus der Lage der See zu erklären, die wir durchschifften. Diese steht nämlich nach Nord-West hin offen bis weit in die chinesische See hinein und die Wogen aus dieser See, in der es vielleicht stürmte oder gestürmt hatte, rollten, in Beziehung auf den Cours unseres Schiffes, in fast querer Richtung zu uns heran.

Was die Form der höheren Berge auf Bangka betrifft, so würde man schon aus dieser Form, auch ohne eine nähere Kunde vom geologischen Bau der Insel zu besitzen, mit Wahrscheinlichkeit ableiten können, daß es weder trachytische Berge, die sich fast immer kegelförmig vorthun, viel weniger Vulkane sind, – noch auch erhobene Theile einer sedimentären Formation, weil die letztern sich immer als langgezogene Ränder darstellen oder als Ketten, die auf der einen Seite breit sind, sanft ansteigen und dann auf der andern Seite, vom höchsten Rande an, plötzlich fallen. Die Berge Bangka's sind aber breite, stumpfe Wülste und bestehen wahrscheinlich aus granitischen Gesteinen oder Porphyrarten, während das tiefe Land zwischen ihnen von granitischen und quarzigen Schuttmassen, Felsentrümmern (mit dem Zinnerz) erfüllt ist.

Wahrscheinlich hat Bangka seinen Zinnreichthum (im Diluvialboden, aus dem das Erz ausgewaschen wird) mit dem nahen Biliton, so wie mit vielen Gegenden der Halbinsel Malaka (den Staaten Kalantan, Pahang, Perak, Salangore) und einigen östlichen Landschaften von

Sumatra (Tana Hualu, nord-westwärts von Bila, Asahan, vielleicht auch Delhi) gemein.

Literatur über Bangka:

J. C r a w f u r d, History of the Indian Archipelago. Edinburg, 1820.

C o u r t, Exposition of the relations of the British Gouvernment with the Sultan and State Palembang.

v. S i e b o l d, Voyage au Japon. t. 1, p. 17–60 (mitgetheilter Berichte über Bangka und seine Zinnminen).

Dr. E p p, Schilderungen aus Ostindien's Archipel. Heidelberg, 1841.

Dr. P. B l e e k e r, Bijdragen tot de kennis von de statistiek der bevolking von Banka en Biliton. In Tijdschr. voor Nêêrl. Indië Jaarg. 1850. afl. 11. p. 348 etc.

Verschiedene andere zerstreute Berichte über Bangka in derselben Zeitschrift (voor Nêêrl. Indië) Jahrgang V, 2, 392, – VI, 2, 49, – VIII, 4, 125 (wo auch eine Karte der Insel mitgetheilt wird, welches die beste und ausführlichste der bis jetzt erschienenen ist), – IX, 1, 117. – Das H a u p t w e r k aber ist:

T h o m a s H o r s f i e l d, Verslag aangaande het eiland Banka. In Tijdschr. voor Nêêrl. Indië. Jaarg. 1850. p. 192 etc. – (Übersetzt aus: The Journal of the Indian Archipelago and

Eastern Asia. 1848.) – Ein vortreffliches Werk, obgleich mehr in politischer und administrativer Beziehung, ist auch: H. M. L a n g e, Het eiland Banka en sijne aangelegenheden. d' Hertogenbosch 1850. Mit einer vom Verfasser zusammengestellten Karte der Insel, welche d i e s e l b e ist, die bereits (wie so eben bemerkt) in der Zeitschr. für Niederländisch Indien. VIII, afler. 4 mitgetheilt wurde.

Nach Dr. B l e e k e r betrug die Gesammtbevölkerung zufolge einer Zählung, die gegen Ende von 1848 bewerkstelligt worden war, 41,246 Köpfe über die ganze Ausdehnung (223 geogr. Quadratmeilen) von Bangka, oder 185 auf eine Quadratmeile, während diese Zahl auf Java 4000 auf einer Quadratmeile beträgt.

Ein eben so trüber, regniger Himmel wie gestern begleitete den 31. August unsre Fahrt auf der Ostseite der Insel Linga vorbei nach Bintang. Wir sahen kein Land vor 8½ Uhr, zu welcher Zeit uns zuerst die kleinen Inseln zu Gesicht kamen, welche dem Südende der größern Insel Bintang Rio vorgelagert sind. Die äußerste kleinere davon (Burean) und dieser zur Linken eine noch kleinere sind bloße Bergscheitel, die aus dem Meere auftauchen. Sie sind wie alle andern dieser Gruppe, mäßig hoch, ohne eigentliche Kegel zu bilden. – Indem wir unsern Cours nach West zu Nord nahmen, nämlich zwischen der Insel Batang (deren Küste wir nicht sehen konnten) und Bintang, der letztern viel näher, hindurch, so blieben die bintang'schen Vorinseln uns zur Rechten liegen.

Der Hauptinsel näher kommend, fuhren wir nach 1 Uhr zwischen der Insel Alligator und 5 kleinen Inselgipfeln hindurch, – sahen uns bald darauf fast auf allen Seiten, rundumher von convexen, flachhügligen Inseln umgeben, die nur mit einer struppigen, häufig unterbrochenen Waldung bedeckt waren und durch deren Pflanzendecke überall eine röthliche Bodenart hindurchschimmerte, und warfen um 2 Uhr auf der Rhede von Bintang Rio nämlich süd-westwärts vom Fort und süd- zu westwärts von dem Berge von Bintang Anker. Dieser einzige hohe Berg der Insel blickte aus Nord zu Ost über die Mitte der Insel Pulu Patingit (Marsinsel der Seekarten) zu uns herüber, deren östlicher Strand mit den kahlen Hütten eines Dorfes bedeckt war (s. Fig. 4.). –

Einige englische Meilen von uns in Nord-Ost, auf einem verflachten, niedrigen Bergwulste lag das Fort von Rio, das wir an seinem Flaggenstock und der weißen Farbe seiner Ringmauer erkannten.[4] Der flache Berg, worauf es lag, war mehr bräunlich als grün und eben so kahl wie dieser, kaum hier und da mit etwas struppiger Waldung bedeckt erschienen auch die andern Theile der Insel Rio links und rechts vom Fort, die sich als ein niedriges (nach Schätzung nur 2–300 Fuß hohes), nicht flaches, sondern in weiten Abständen welliges (sanft erhobenes und gesenktes) mageres Land darstellten. – So weit man sehen konnte, war die Insel aus solchen langhingezogenen, flach-convexen Landwülsten zusammengesetzt, aus deren magerer Erddecke der nackte Grund an vielen Orten röthlich, selbst bolusroth, hindurchschien, und wo man an der Küste Waldung sah, war diese mit Casuarinen vermengt, struppig. Am kahlsten, magersten sah die Patingit-Insel aus.

Wir dachten an die luxuriösen, feuchten, schattigen, kein Fleckchen unbedeckt lassenden Waldungen Java's, – an den vulkanischen Boden, der diese trägt und glaubten schon hieraus, so wie aus der äußern Landform von

Bintang auf eine ganz andere geologische Zusammensetzung dieser k a h l e n Inseln, wenigstens auf die Abwesenheit von Trachyt und von Lava, also auf den Mangel an leicht verwitterndem, den Boden mit Kali speisendem Feldspath schließen zu können. Auch auf Java in den wenigen Gegenden, wo vulkanische Producte fehlen z. B. in manchen Districten Sukapura's, herrscht eine ähnliche Baumleerheit des Bodens und Alang-Gras vertritt die Stelle der Wälder.

Nachdem ein angekommenes Boot das Postpacket für Rio von uns in Empfang genommen hatte, setzten wir um 2½ Uhr unsere Reise nach West zu Nord fort, ließen das Westende der Patingit-Insel zur Rechten liegen und erblickten neue flache (oder nur niedrighüglige) Inselküsten, die uns bald wieder auf a l l e n Seiten umgaben. Manche waren so niedrig und flach, daß sie kaum aus dem Wasser hervorragten, z. B. Pulu Sori, Terkoli, – sie waren wenig mehr als Sandbänke, auf deren w e i ß l i c h e m Grunde sich sparsames Gebüsch mit einzelnen Casuarinen erhob. Das linke Ende der letztgenannten Insel lag uns um 3¼ Uhr gegenüber in Nord-Ost und in derselben Richtung erschien im Hintergrunde der Bintang-Bai die linke Ecke † des Gipfels vom gleichnamigen Berge (s. Fig. 5. – † ist der sogenannte kleine Bintang-Berg).

Der Waldreichthum der Küsten von Inseln, die wir nun sahen, nahm allmählig zu, je weiter wir nach Nord-West steuerten. Wir befanden uns um 4 Uhr dem Süd-Ostende von Loboan besar gegenüber, aus deren Pflanzendecke zunächst über dem Meere hier und da auch noch ein rother Boden hindurchschimmerte, – und sahen ringsherum fast überall nur Küsten mit h o h e m Wald.

Wir näherten uns nämlich dem Ausgange der Straße, welche von Süd nach Nord zwischen der westlichen oder links liegenden Insel Batang und der östlichen oder rechts liegenden Insel Bintang hindurch führt, und welche kaum 3 geographische Minuten breit ist. Kleine Inseln liegen hier vor den Küsten der größern und vor den kleinen liegen noch kleinere und alle zusammen mit ihren schmalen, oft nur flußähnlichen, geschlängelten und einander durchkreuzenden Durchgängen bilden ein so geheimnißvolles, kaum zu entwirrendes Labyrinth von Kanälen zwischen düstern und einander so sehr gleichenden, menschenleeren Waldküsten, daß die Eingebornen von andern benachbarten Inseln selbst, wenn sie durch diese Straßen schiffen oder rudern, Signale an den Ufern setzen oder an hohen Bäumen befestigen müssen, um sich nicht zu verirren und eine Insel wieder zu erkennen!

So fuhren wir zwischen den Waldinseln auf stiller See wie zwischen den beiderseitigen Ufern eines breiten Flusses dahin und kamen besonders der Küste von Bintang (auf unsrer Ostseite) oft bis auf einen Gewehrschuß nahe, so daß wir alle Bäume zählen konnten, die sich einwärts von dem bräunlich-falben Strande erhoben. Casuarinen waren auch unter diesen nicht selten.

Erst gegen halb sechs Uhr wurde die Straße breiter, die seitlichen Küsten traten mehr und mehr zurück, und bald hatten wir in der Abenddämmerung weiter nach West-Nord-West dampfend, den Genuß, die Süd-Ostecke der malaischen Halbinsel als ein mäßig hohes Land vor uns auftauchen zu sehen. Wir hatten also die südlichste Spitze des großen asiatischen Continents vor uns und begrüßten den Anblick von Kap Remunia.[5]

Es war ein schöner stiller Abend. Die See war so ruhig wie der Spiegel eines Binnensees und die Luft war warm, doch eher angenehm als drückend. Die Natur um uns her zwischen diesen Wäldern war friedlich; sie dämmerte in menschenleerer Stille. Das Meer erweiterte sich allmählig wieder und wir fuhren im Halblichte dahin, das die Sterne und die Mondessichel aus dem klaren Azur des tropischen Himmels auf uns herabgossen und das zwischen diesen Umgebungen doppelt zauberisch war.

Indem wir durch den narcotischen Reiz der Abendlandschaft unwiderstehlich hingerissen nach den Sternen dort oben blickten und unser Schiff Etna nach West-Nord-West zu immer weiter dampfte, – da erschienen auch eine Menge Sterne tief am Horizont, – mehr und mehr solcher leuchtender Punkte tauchten vor uns auf, – bald bildeten sie eine lange Reihe von Lichtern neben einander, – dunkele Körper, wie der Rumpf großer Schiffe zeichneten sich in Umriß von ihnen ab, – die Scene belebte sich, – Menschenfleiß mit seinen Werken fing an die waldigen und wässerigen Öden zu ersetzen – und auf unserm Schiff erscholl das Commando: – «halve kracht,» – «stop,» – «laat vallen het anker!» – – Es war 9 Uhr und wir hatten die Anker auf der Rhede vor der Stadt Singapur geworfen, deren Lage in einem Halbmond entlang des Strandes nur jene lange Reihe von Lichtern bezeichnete.

Wir waren am 1sten September schon früh munter an Bord und standen auf dem Verdeck, um den Anbruch des Tages zu erwarten. Es war Neugierde, endlich selbst einmal die berühmte Stadt zu sehen, die sich seit 1819 in so kurzer Zeit zum Hauptstapelplatz des Handels zwischen Britisch Indien und China erhoben hatte, welche uns so frühzeitig weckte.

Es dauerte nicht lange, – die Schöpfung von Sir St. Raffles lag vor uns in Nord-West, und die aufgehende Sonne warf ihre ersten Strahlen auf das zierlich-schöne Bild der Stadt, die, in ihrer ganzen halbmondförmigen Ausdehnung nach uns ihre Front zukehrte. Wir sahen fast lauter zweistöckige

Häuser, von denen einige weiß, andere gelblich angestrichen waren; – hübsche Wohngebäude mit Balconen oder Estraden, die auf Säulen ruhn, – kleine zierliche Paläste, – zwei Kirchen mit kleinen Thürmchen, – Packhäuser mit Bogengängen dichtgedrängt, – reihten sich an einander und bildeten eine lang hingedehnte Gruppe, die sich unmittelbar auf dem halbmondförmigen Strande zu erheben schien. Dazwischen blickte einiges, doch sparsames Grün von Frucht- und Zierbäumen hervor und sanft gerundete Hügel erhoben sich im Hintergrunde, von denen viele ebenfalls mit Gebäuden bedeckt waren; dazu gehört namentlich der nächste gerundete Hügel nord-westwärts hinter der Stadt, die er beherrscht, – Government-hill genannt, weil er die Wohnung des Gouverneurs mit dem Telegraphen trägt.

Von den schattig-kühlen Fruchtbäumen java'scher Dörfer und den Tausenden von Kokospalmen, deren Wipfel dort aus den Gewölben der Laubbäume hervorragt, war Nichts zu sehen, die Pflanzennatur in und um Singapur war kahler, baumleerer; aber eben darum hatte der Ort ein viel mehr städtisches, europäisches Ansehen, als das fast überall in Fruchtbaumwaldungen versteckte Batavia.

Bald kamen eine Menge Kähne (tambangan's) zu uns herangerudert und umschwärmten unser Schiff mit wiederholten, laut ausgeschrienen Anerbietungen, um die Passagiere und unsere Bagage an's Land zu bringen. Einige wurden von Malaien gerudert, andere, die kein Steuer hatten, von Chinesen und in diesen saß jederzeit nur e i n Ruderer, – die mehrsten aber wurden von Kalinganesen und Bengalesen regiert und diese waren es auch, die es an Zudringlichkeit allen Andern zuvorthaten. – Sie kamen an Bord, warfen, ohne viel zu fragen, Stücke Bagage, deren sie habhaft werden konnten, in ihre Böte und waren dann, wenn sie glaubten, den Passagier in ihrer Gewalt zu haben, unverschämt genug, einen Dollar (spanische Matte) für die kurze Überfahrt zu fordern, die nur einige Minuten dauert und nicht mehr als einen halben, höchstens einen Gulden kostet.

An's Land gestiegen und auf der schmalen, etwa 10 Fuß über dem Meere liegenden Küstenfläche angekommen, befindet man sich unmittelbar gegenüber dem «London Hôtel,» das aus zwei hübschen Gebäuden nebeneinander (zu zwei Vertiefungen) besteht und etwa 2–300 Fuß von der Küste entfernt liegt. – Da hier fast alle Reisende, die mit Landmailschiffen ankommen, einzukehren pflegen, so ist es besonders während der Zeit, zu welcher diese Schiffe auf der Rhede liegen, als auch in der Zwischenzeit der Ankunft zweier einander ablösender, correspondirender Schiffe, von Passagieren überfüllt. (Diese Bemerkung gilt auch von allen andern Hotels zwischen hier und Alexandrien.) Das Logis, worin begriffen ist ein Zimmer mit einem guten Bett und sehr schlechter Bedienung, Kost an table d'hôte, nämlich Frühstück um 9, Tiffet um 12, Diner um 4½ Uhr, – kostete hier täglich 3 Dollar.

Ich blieb acht Tage (vom 1sten bis mit 8ten September) zu Singapur, nämlich in Erwartung des Dampfschiffes, das die Reise von China über Singapur bis Ceylon zu vollbringen bestimmt war. Es war der Landmail Steamer Braganza und wurde täglich erwartet. – Den 5ten kam ein Dampfschiff der Landmail von Ceylon an und brachte auch die für Niederländisch Indien bestimmten, etwa in ein Dutzend Kisten gepackten Zeitungen und Briefe mit. Nachdem diese vom Etna in Empfang genommen waren, fuhr dieser den 7ten Sept. des Morgens früh wieder ab, um nach Batavia zurückzukehren und ich sagte den Offizieren (den Herren de Jong und de Graaf) für die freundliche Bewirthung an Bord, ein dankbares Lebewohl. – Erst den 8ten Sept.

Vormittags kam die Braganza von Kanton an.

Wenn man als Fremder durch die Straßen von Singapur wandelt, so ist man verwundert, fast keine andern Farben zu erblicken, als das bleiche Gelb der Häuser (die zweistöckig und meistens eng an einander gebaut sind) und das Bolusroth der Straßen, deren Staub auch an den gelblichen Wänden der Gebäude sichtbar wird. Nur hier und da wird das Auge erquickt von dem Grün lebender Hecken von Schlingpflanzen, die oft bis zur zweiten Etage der Häuser hinanreichen. – Übrigens hat Alles ein mehr europäisches, städtisches Ansehen, als in den Küstenplätzen von Java.

Am rechten Ufer des schlammigen Flusses von Singapur (süd- und süd-westwärts von der übrigen Stadt) liegen außer den Packhäusern und den Bureaux der europäischen Kaufleute, hauptsächlich die eng aneinandergedrängten Wohnungen der Chinesen (chinesischer Kampong), die vielleicht den größten Theil der eigentlichen Stadt einnehmen, von denen aber viele ein sehr verfallenes Ansehn haben.

Eines Besuches werth sind außerdem: der prächtig verzierte chinesische Tempel, – der Tempel der Hindu's und der Government-hill, von dessen flachgerundetem Scheitel man eine belehrende und schöne Aussicht über Rhede und Stadt und über die angrenzenden Gegenden des Innern der Insel genießt. – Von den Ruinen auf der Nord-Westseite dieses Berges, die nach Crawfurd aus den Zeiten abstammen sollen, in welchen der König Sri Iskander Shah (in der ersten Hälfte des 13ten Jahrhunderts[6]) über Singapur regierte, sind wenig mehr als noch einige Terrassen und Sandsteinblöcke zu sehen, ohne Inschriften und ohne Sculptur.

So weit man vom Scheitel des Government-hill sehen kann, besteht das Innere der Insel aus bald mehr gerundeten, bald flacher ausgebreiteten 1½–3 Hundert Fuß hohen Hügeln, die sich einer an den andern reihen und dadurch ein wellenförmiges, labyrinthisch-unebenes Ganzes bilden, das einwärts, in größerer Entfernung von der Stadt auch waldiger wird, auf dessen näher gelegenen Anhöhen aber man noch eine Menge kleiner, oft zierlicher, europäischer Wohnungen, hier und da zerstreut, erblickt. Diese nähern Theile der Insel sind ziemlich kahl, weder mit Anpflanzungen, noch mit eigentlichen Wäldern bedeckt, sondern nur mit Graswuchs und vereinzeltem Gebüsch bekleidet. Wie bekannt, wird auf Singapur, so wie auf den benachbarten Inseln (Bintang, Rio u. a.) besonders der G a m b i r -strauch (Nauclea Gambir, Unkara der Malaier) cultivirt, wovon das mit dem Siri- (Betel-) Blatt gekaute, bittere Gummiharz Gambir kommt (in Europa mehr noch unter dem Namen Terra japonica, Catechu bekannt); aber auch von diesem Culturgewächs habe ich in der Nähe der Stadt nichts gesehen.

Die Wege in und in der Nähe der Stadt sind gut und bestehen aus klein geschlagenem, fein und festgestampftem Thoneisenstein, der bräunlich-roth und gepulvert fast roth aussieht; das allgemein gebräuchliche Transportmittel sind Palankin's, die auf vier Rädern ruhn, von einem Pferd gezogen werden und einen Dollar täglich kosten. Der stets bengalische Fuhrmann «Zeis» sitzt auf keinem Wolkenthrone, wie Zeus, nicht einmal auf einem Bocke (denn einen solchen hat das Fuhrwerk nicht) sondern läuft n e b e n her und hört nicht, wenn ihm der eingeschlossene Reisende zuruft, still zu halten. – Er bringt seine Pflegebefohlenen daher, nolens volens, ohne Anhalten an die einmal angegebene l e t z t e (endliche) Bestimmung der Fahrt. Diese ringsum geschlossenen, viereckigen Kasten stehn weit hinter den eleganten, mit ledernen Niederschlägen versehenen und von zwei Pferden gezogenen Miethwagen Batavia's zurück, in denen man schneller und bequemer reist.

Von öffentlichen Vergnügungs- und Versammlungsorten Singapur's weiß ich nichts zu sagen, ich glaube auch nicht, daß es deren giebt, oder man müßte die Spielhäuser der Chinesen dahin rechnen, – die Kegelbahn der deutschen Kaufleute (deren Zahl hier 13 beträgt) – und die Regimentsmusik der Sipoy's, die sich jeden Freitag, des Abends von 5½ bis 7½ Uhr, auf dem offenen Platze zwischen dem Strande und dem London Hôtel hören läßt. Da sowohl der erste als der letzte Tag meines Aufenthaltes auf Singapur ein Freitag war (der 1ste und 8te Sept.) so hatte ich zweimal Gelegenheit diese Musik zu hören. – Die Sipoy's mit ihren schwarzbraunen Gesichtern, ihrer weißen Kleidung und rothen Kragen kommen um die bestimmte Zeit, schaaren sich im Kreis und spielen von einem deutschen Kapellmeister in Civilkleidung dirigirt, meistens alte beliebte Stücke, Märsche, Symphonien, die sie gut ausführen, wenigstens ungleich besser, als die Chöre java'scher Musikanten, denen man hier und da auf Java das Spielen europäischer Instrumente gelehrt hat.

Dieses ist auf Singapur der Ort und die Zeit, wo die gebildete (schöne und nichtschöne) Welt zusammenkommt, – zu Fuß, zu Pferd oder in Palankin's, deren Pferd dann, so lange die Musik dauert, ausgespannt wird, – wo Kaufleute und Freunde einander treffen, wo Bekanntschaften mit Fremden angeknüpft und wo auch wohl noch zartere Rendez-vous gehalten werden. Wenn nach Untergang der Sonne die Dunkelheit zu sehr zugenommen hat (um die N o t e n sehn zu können) – dann wird bei Laternenlicht gespielt, und es ist ein eigenthümlich angenehmes Schauspiel zu sehen, wie in der erfrischenden Abendkühle, bei Sternenlicht oben, und Laternenschein unten, – Menschen der verschiedensten Art durch einander wimmeln, wie Privatpersonen, Beamte, Offiziere, elegante Damen, Kaufmänner und Seeleute in buntem Gewühl den engen Kreis der Musici umfluthen oder sich in Gruppen rund um den schönen Inhalt (in seidnen Gewändern) mancher Palankin's schaaren – und wie um diese europäische elegante Welt weiter außen noch Hunderte von Chinesen, Bengalesen, Arabern, Javanen und Malaien herumziehn, alle vergnügt und still genießend, – während die harmonischen Klänge der Musik im weiten Concertsaale verhallen, den keine andren Wände als Himmel und Meer verengen.

Den geologischen Bau der Insel habe ich nur in den Gegenden kennen gelernt, welche dem Strande am nächsten liegen und welche ich bis zu 5 engl. Meilen Abstand von der Küste nach West- und Nord-West durchkreuzt habe. In diesen flachhügligen Gegenden der Insel habe ich nur sedimentäre, unter verschiedenen Winkeln, oft steil, einfallende Schichten gefunden, nämlich von Mergeln, von Thon, von Sandsteinen und auch von gröbern Conglomeraten. Vorherrschend ist hier ein fester, meistens feiner, quarziger, weißer, zuweilen auch rother, nämlich durch Eisenoxyd gefärbter und verkitteter S a n d s t e i n, aus dem auch hauptsächlich der Government-hill hinter der Stadt besteht. Zwischen solchen Schichten kommen häufig sehr mächtige Lagen von T h o n e i s e n s t e i n vor, der unter andern auf der Nordseite des genannten Berges in Tagebau gebrochen und in Stückchen zerschlagen zur Belegung und Ausbesserung der Wege benutzt wird. Nachdem er auf diesen Wegen allmählig fein gestampft und gefahren ist, wird er zu einer ziemlich festen, harten Masse. – Der Boden in der kleinen

Bucht, die sich südwärts vom genannten Berge in's Land hineinzieht, und die zwischen sumpfigen Ufern der Fluß durchströmt, ist Alluvialgrund. – Nach Colebrooke sollen diese Schichten einer Secundärformation angehören. Er theilt keine Versteinerungen daraus mit. Ich habe zwar auch keine darin finden können, da aber die sedimentären Bildungen, die ich auf Sumatra (in den Batta-Landen, also ziemlich in derselben Breite mit Singapur) kenne, eben so wie die kohlenhaltenden auf Borneo tertiäre sind und da die große neptunische Formation auf Java, aus der ich viele Hunderte versteinerte Conchylien und andere Thiere gesammelt habe,[7] ebenfalls eine tertiäre ist, so habe ich Ursache zu vermuthen, daß auch die Gesteinschichten von Singapur und dessen nachbarlichen Inseln keinem ältern, als dem Tertiärgebirge angehören, zumal da sie in petrographischer Hinsicht der java'schen Formation in manchen Gegenden vollkommen gleichen. – Es scheint, daß ältere als tertiäre Gebirgsformationen erst weiter in Norden (in der malaischen Halbinsel und in Britisch Indien) vorkommen, wo auch größere Massen von Granit- und Syenitgebirgen auftreten, welche auf Java nur in vereinzelten und sehr beschränkten Punkten (der obersten Spitze von Gängen) bis zur jetzigen Oberfläche des Landes gelangt sind.

Wer etwas mehr über Singapur zu wissen wünscht, der lese außer vielen Aufsätzen verschiedener Art im Singapore Chronicle und der Hist. of the Indian Archip. von J. Crawfurd, dessen Descr. and History of Singapore, in seinem Journal of an Embassy to the Courts of Siam and Cochinchina, 1828, Ch. XIV, p. 529 etc. –, dann (über die Naturbeschaffenheit überhaupt) G. Finlayson, Journal of the Mission to Siam and Hué, London 1826, 8, p. 78 etc. –, und (über die geologische Beschaffenheit in's Besondre) H. T. Colebrooke, Notice respecting the

Rocks of the Island of Penang and Singapore, in den Transact. of the Geol. Soc. Sec. Ser. 1822, 4. vol. I, p. 165 etc. – Auch kommen in den Transact. of the Royal Asiatic Society, z. B. im Anhang zu vol. I, Nachrichten über das Klima vor. – Ferner N e w b o l d, Political and statistical account of the British settlements in the straits of Malacca 1839. – Nach dem Singapore Chronicle betrug die Population in 1841: 35,400 Seelen, wovon die Hälfte Chinesen waren.

Nachdem ich meine Bagage schon am Morgen früh auf die Braganza befördert hatte, begab ich mich am 9ten Sept. um die Mittagsstunde selbst an Bord dieses Dampfers und verließ Singapur mit der Überzeugung, daß es sowohl in Schönheit der Natur, als in Größe und Pracht der Menschenwerke eben so weit hinter Batavia zurücksteht, als es von letztgenannter Stadt an Regsamkeit menschlichen Verkehrs und Treibens übertroffen wird. Nur die häufige Ankunft von Dampfschiffen, seitdem die Landpost besteht und die Druckpresse mögen hiervon eine Ausnahme machen. Doch war der Eindruck, den das freundliche Städtchen in mir hinterließ, ein recht angenehmer, – auch hatte ich von verschiedenen Kaufleuten, besonders von Herrn R a u t e n b e r g daselbst, eine sehr hülfreiche, gefällige Behandlung genossen und es war mit einem Gefühle aufrichtiger Erkenntlichkeit, als ich meinen neuen Freunden Lebewohl! sagte.

An Bord des Schiffes bekümmerte sich um mich eben so wenig Jemand, als dies in der Stadt Singapur o d e r im Hotel bei meiner Ankunft daselbst der Fall gewesen war, – keinem Menschen fiel es ein, nach meinem Paß oder nach meinem Namen zu fragen, – d i e s e Waare galt hier nicht, – ein Jeder war s c h e i n b a r vollkommen frei; – die Matrosen packten meine Kisten auf, ohne erst zu fragen:

von wem – von wo – oder wohin? – sie warfen dieselben ohne Weiteres in den Schiffsraum und erst als das Schiff schon in Bewegung und auf der Abreise begriffen war, wurden den Passagieren ihre Hütten (Cabin's[8]) angewiesen und ihnen die Quittungen für die zu Singapur (im Landmail-office) bezahlten Passagegelder abgefordert. Also – Geld a l l e i n war hier ein gültiger Paß. – Ein andres Dampfschiff, dessen Verdeck vollgepfropft von Menschen war, kam eben an, fast in demselben Augenblicke, als wir die Rhede (es war um 2¼ Uhr) verließen. Die Kühle der See und der Luftzug, dem wir durch das schnelle Dahingleiten unseres Kieles durch die Wogen bloßgestellt waren, that uns wohl, denn die Sonne brannte warm und es war heiteres Wetter, eben solches, als an allen vorigen Tagen meines Aufenthaltes zu Singapur geherrscht hatte. Nur den 6ten Sept. von 4 Uhr des Morgens an hatte ein stürmischer West-Süd-Westwind geweht, welcher Regengestöber vor sich hertrieb, sich aber schon um die Mittagsstunde wieder legte.

Ich warf noch einen letzten Blick auf die freundliche Stadt, die perspectivisch kleiner wurde, – ich dachte an die Veränderungen in der Schifffahrt seit der Zeit, als im Jahre 1160 unter Turi Buwana die Insel Singapur zuerst bevölkert wurde, und – ließ mich dahin führen durch den, nur von unsern Schiffsrädern bewegten Spiegel der See, dessen weite Flächen mit ihren Inseln für mich (und vielleicht auch noch für Andre) eine terra incognita waren.

Einschaltung.

Ehe ich weiter erzähle, will ich hier eine Übersicht der Passagekosten für die Reise mit der englischen Landmail in 1848 folgen lassen, die vielleicht manchem Leser erwünscht ist. – Von Batavia bis Singapur kann man nur gelegentlich mit einem Segelschiff gelangen oder durch Begünstigung des

Kommandanten der Indischen Seemacht mit einem Kriegsdampfer der Kolonialen (Nêêrländsch-Indischen) Marine, der zwischen dem 26sten und 28sten eines jeden Monats zur Überbringung und Abholung der Packete für die Landmail die Reise nach Singapur und zurück macht. Natürlich wird auf Kriegsschiffen keine Passage bezahlt. Auch kann man nur durch Begünstigung der Offiziere Platz nehmen an deren Tafel, wofür der Begünstigte 5 Fl. per Tag in die Menagekasse einzahlt. Die Reise nach Singapur dauert gewöhnlich 4 Tage.

Wenn man von Singapur direkt nach England (Southampton) Passage nimmt, so werden 71 Pfund, nämlich die Hälfte der ganzen Fracht vorausbezahlt. Will man sich nicht bis England verbinden, so ist der Frachtpreis höher und kann nur bis Suez und von dort wieder bis Alexandrien bezahlt werden. – Nach dem Tarif sind 300 Pf. Bagage frei, von welcher kein Stück schwerer als 80 Pf. sein darf, jede 100 Pf. mehr sollen mit 3 Pf. St. bezahlt werden; ich habe jedoch nicht gesehen, daß Kisten der Passagiere jemals gewogen wurden und ich hatte mehr als 500 Pf. bei mir, ohne daß sich Jemand darum bekümmerte.

Was das coursive Geld betrifft, so waren damals auf Batavia silberne Gulden nicht zu bekommen und die Recepisse waren außerhalb Java nicht gewillt. Guineen (Sovereing's) waren auch nicht oder nur sehr wenige zu haben. Deßhalb hatte ich zu Batavia Willem's d'or eingekauft, das Stück für 12½ Gulden Recepis und Dukaten, das Stück für 7 Guld. Recepis. – Dieses holländische Goldgeld (sonst auf der ganzen Reise für den vollen europäischen Werth beliebt,) wurde aber am Landmail-office zu Singapur nicht angenommen und mußte bei Chinesen umgewechselt werden, der Dukaten für 2,25 und der Willem's d'or für 3,80 Dollar.

Reise. (Unter Passage wird auch jederzeit die Beköstigung mit verstanden, sowohl an Bord der Seeschiffe als durch die Wüste und an Bord der Flußdampfschiffe auf dem Nil.)	Passagekosten für Passagiere erster Klasse.		
	Pound Sterling.	Dollars.	In holl. silb. Fl. nach europ. Cours
Von Singapur bis England (Southampton) die Reise durch Egypten mitgerechnet	142	681,60	1704
Von Singapur bis Suez	105 en 8 Sh.	506,00	1260
Von Suez bis Alexandrien. (Man kann nach Belieben in Cairo bleiben und die Ankunft einer folgenden oder nachfolgenden Mail abwarten; das bezahlte Passagebillet bis Alexandrien bleibt so lange gültig.)	12	57,60	144
Von Alexandrien bis Triest (wo 1848 keine Quarantaine gehalten wurde. Mit österreich. Lloyd'sdampfern)	18	86,40	216
Von Alexandrien bis Marseille (wo zehn Tage Quarantaine gehalten wurde) 580 Francs	23 en 4 Sh.	111,00	249
Von Alexandrien bis Southampton,(wo keine Quarant. gehalten wurde)	40	192,00	480

| Also von Singapur bis
| Triest | | | 1620

Was den Aufenthalt in den Zwischenstationen betrifft, so bezahlt man in den ersten Hotels für Logis und Kost per Tag zu

Batavia 5 Gulden, – für einen Miethwagen halbtäglich 3 Gulden.

Singapur 3 Dollar, – für einen Miethwagen täglich einen Dollar. Wenn man von Batavia kommt, so muß man wenigstens 3, oft 8 Tage auf das Dampfschiff aus China warten.

Pulu Penang, der Aufenthalt dauert selten länger als 12 Stunden.

Point de Galle, gewöhnlich nur 6–12 Stunden.

Aden, gewöhnlich nur 12 Stunden, wie auf den vorigen Stationen, nicht länger als nöthig ist, um Kohlen einzunehmen.

Suez, 4–12 Stunden.

Cairo, in Hotel d'Orient 10 Francs, ein Wagen für nur eine Fahrt 15, ein Bad 3 Francs, ein gesattelter Esel einige Sous. Wenn man, ohne in Egypten zu bleiben, nach Alexandrien durchreisen will, so dauert der Aufenthalt 1–1½ Tage.

Alexandrien, Aufenthalt ½–1 Tag.

Malta, 2 Tage.

Gibraltar, 3–4 Stunden. (Auf den Schiffen und in den Poststationen der Landmail ist unter Kost auch Wein und Bier begriffen, – in den Hotels nicht.)

Unser Cours ging von der Rhede von Singapur aus zuerst nach Süd-Süd-West. – Wir fuhren ganz nahe an den kleinen (und oft sehr kleinen) Inseln vorbei, die in Süden von Singapur liegen und kamen ihnen zuweilen so nahe, daß man sie mit einem Büchsenschuß hätte erreichen können; sie alle hatten eine hüglige Beschaffenheit und waren mit vielen Bergschlipfen an den steilen Ufergehängen und hier und da mit einem hellern (gelblich-falben) sandigen Küstensaume versehen, auch waren alle, wenn auch nur dürftig bewaldet. – Die Stadt in Norden und die Küste von Malaka hinter ihr (in Nord-Ost), trat immer weiter zurück und verschwand vor unsern Augen hinter den vordern Inseln, sobald wir west-süd-westlich steuerten; nun lagen auch links von uns ferne Ufer, auf der rechten Seite aber traten in frappanter Nähe immer neue Inseln zum Vorschein, die alle aus niedrigen Hügeln, kleinen Bergzügen oder aus flach gewordenem Hügelland bestanden, während manche nur e i n einziger Hügel waren.

Die kahlen Erdschlipfe an den steilern Ufergehängen zogen meine Aufmerksamkeit auf sich, sie schimmerten bräunlich hell durch die dürftige Vegetation, durch die Sträucher und struppigen Bäume, die auf dem Grasgrunde zerstreut standen und erinnerten mich an die helle Farbe der Gesteine unsrer java'schen Tertiärformation.

Abends dampften wir west-nord-westwärts und näherten uns immer mehr der Insel Kerman, die links vor uns lag und die viel gebirgig-höher, als andere, war, die wir seit unsrer Abreise von Java gesehen hatten; zur Rechten zog sich eine niedrige, flache Waldküste in unabsehbarer Länge hin, es war der Küstensaum der malai'schen Halbinsel, die unserm in die Ferne schweifenden Auge hier nur e i n, zwar langgezogenes, aber doch isolirtes Gebirge vorzuzeigen hatte.

Also – u n a u f h ö r l i c h waren uns seit unsrer Abreise von Batavia I n s e l n erschienen, größere, kleinere und kleinste, – alle waren nur e i n Wald, unbewohnt und ihrer Natur nach unbekannt; – doch sind alle nur ein kleiner Theil des Indischen Archipels, und der Indische Archipel selbst ist nur ein kleiner Theil der Erde; – wie groß ist nicht auf derselben das Feld der Entdeckungen! – wie viel Jahrtausende werden wohl vergehen, bis diese den Forschungen der Naturkundigen und Geographen n i c h t s Unbekanntes mehr zu bieten hat?

Wir befanden uns am 10ten Sept. des Morgens früh der Küste von Malaka gegenüber, welcher auch wieder eine Menge kleiner und kleinste Inseln vorlagen, von denen keine flach, sondern die meisten mäßig hoch und einige selbst sehr hoch und steil waren, – auf dem Festlande selbst erschienen zwei, zwar isolirte, aber nicht kegelförmige Gebirge, von denen das eine südliche um 6½ Uhr nord-nord-ostwärts, nämlich zur Rechten vor uns lag, während wir west-nord-westwärts dampften, – das andere, weiter vorn gelegene aber in Nord-West. – Ich schätzte ihre Höhe auf 6000 Fuß. – Sie schienen durch ein flaches niedriges Land von einander getrennt zu sein, dem kleine isolirte Hügel sowohl als ganze Hügelzüge ein unebenes, gebirgig-höckeriges Vorkommen gaben, nicht unähnlich vielen Maulwurfshügeln, die man auf einer niedrigen Fläche umher zerstreut. – Links, auf der Seite von Sumatra war kein Land sichtbar.

Um 7½ Uhr, (unser Cours war Nord-West zu West) befanden wir uns gerade gegenüber jener Weltberühmten Stadt, die in 1511 der portugiesische Seeheld A l b u q u e r q u e eroberte, die 1½ Jahrhunderte später (in 1660) den siegreichen holländischen Waffen anheimfiel und die in 1825 von den Niederländern an die Briten abgetreten wurde,[9] ich meine die einst prächtige, üppige, große, nun aber Glanzverblichene und halbverlassene M a l a k a,[10] die uns freilich unsichtbar war, die aber in der Richtung zwischen den genannten zwei Gebirgen und dem südlichen viel näher nord-ost- zu nordwärts von uns, an der flachen Küste liegen mußte; – später wurden zwischen 8 und 10 Uhr, mehre eigentliche Bergketten tief im Innern des Landes in wegschmelzender Bläue sichtbar. Um 9 Uhr kamen wir bei einer Landecke vorbei, die aus einem mäßig hohen Gebirgsrücken gebildet, weit zu uns in's Meer hinausragte, – und dann, während wir immer weiter nach Nord-West dampften, wurde die Küste, die stets mit Waldung bedeckt blieb, wieder niedrig und flach.

Um 3 Uhr Nachmittags war uns diese Waldküste ganz nahe und deutlich sichtbar, sie zeigte nur e i n e n isolirten, kegelförmigen Hügel, dem wir um 4 Uhr (mit nord-west- zu westlichem Cours) quer gegenüber lagen, links und rechts aber von diesem Hügel war Alles flach. – Gegen Abend waren wir einem vorspringenden Theile von ganz flachem niedrigem Lande nahe gekommen, das von Zwischenräumen und eindringenden Meeresarmen durchbrochen war und das wir deßhalb zunächst aus I n s e l n zusammengesetzt wähnten, welche der eben so flachen Küste der malai'schen Halbinsel hier vorgelagert waren.

Am 11ten Sept. des Morgens früh erblickten wir links vor uns eine kleine Hochinsel mit steilen Ufern, rechts mehre hohe Inseln und vorn nach der rechten Hand noch mehre Gebirge und Gebirgszüge der Halbinsel selbst, die sich in duftiger Bläue verloren.

Seit unsrer Abreise aus dem Freihafen von Rafflesia (ich meine die Stadt, gegründet vom Entdecker jener Riesenblüthe, welche der Botaniker R o b e r t B r o w n ihm zu Ehren Rafflesia nannte,) war keine Stunde vergangen, in welcher wir nicht wenigstens e i n Schiff gesehen hätten, ja Einmal waren uns ein halbes Dutzend davon zugleich erschienen, alle mit schwellenden Segeln, die durch die Straße von Malaka fuhren, „durch diesen uralten Durchgang maritimer Civilisation".[11] Ich glaube, daß verhältnißmäßig manche Landstraßen in Europa weniger belebt sind von Fuhrwerken, als dieses häufig besuchte Fahrwasser von Britisch Indien nach China von Schiffen.

So begegneten wir um 10 Uhr wieder einer Fregatte, die in gerade entgegengesetzter, in Beziehung auf uns querer Richtung steuerte, die nämlich nach West zu Süd segelte, während wir nach Nord zu West dampften; sie kreuzte also unsere Fahrt und brachte uns die große Geschwindigkeit, womit ein Dampfschiff sich bewegt, recht handgreiflich vor die Augen, so daß wir das Schiff nach einer Viertelstunde eben so weit fast noch auf demselben Flecke hinter uns sahen, als wir es zuerst vor uns erblickt hatten.

Auf der malai'schen Halbinsel nahmen wir rechts und vorn in blauer Ferne abgebrochene Gebirgsketten wahr, die einen ungleichen, gezackten Saum hatten und zwischen ihnen sahen wir Räume, in denen keine Berge lagen.

Wir hatten den ganzen heutigen Tag mehr oder weniger einen nördlichen Cours beigehalten und erblickten um 3 Uhr, vor uns in Norden, den ungleichen, mit Wolken bedeckten Saum einer hochgebirgigen Insel, die unsere Schiffsleute als Insel (Pulu) Penang begrüßten und zu deren Seite sich auch die (ebenfalls gebirgige) Küste der malai'schen Halbinsel darstellte.

Wir rückten weiter nach Norden vor, die Inseln schwammen uns näher und näher, sie wurden deutlicher und tauchten immer höher aus dem Meere auf, – wir zweifelten aber ihren Hafen heute noch zu erreichen; denn wir befanden uns erst einer süd-westlichen Vorinsel von Pulu Penang gegenüber, als schon die Sonne gesunken war und der volle Mond nun an ihrer Statt den stillen Spiegel des Meeres beleuchtete, dessen Farbe schon seit 5 Uhr immer grünlicher, heller geworden war. Wir fuhren in der Richtung nach Norden so nahe an den Inseln, die zur Linken liegen blieben, vorbei, daß man ihre felsig-steil aus dem Ocean emporstrebenden Ufer mit einem Steinwurfe hätte erreichen können. – Unser Blick haftete auf diesen sonderbar gestalteten Land- und Bergkörpern, die zwischen dem hellern Hintergrunde des Himmels und dem spiegelnden Vordergrunde des Meeres, wie düstre Gespenster dalagen. Obgleich der Mond sein Zauberlicht in wunderbarer Klarheit auf sie herabgoß, so konnten wir doch nicht viel mehr, als die schroffen Umrisse dieser Inseln erkennen, über deren wandartigen Felsgestaden, die etwas heller vom Mond beleuchtet waren, sich oben die ganz schwarze Kappe düstrer Waldungen hinzog.

So dampften wir langsam dahin, – wir fuhren einem weiten Zwischenraume zwischen zwei Inseln und darauf einem langhingezogenen Gebirgslande, die beide zur Linken liegen blieben, vorbei, ließen aber, weil unsere Offiziere die natürlichen Signale der Ufer nicht mehr zu erkennen vermochten, um 7 Uhr die Anker fallen. – Ein Paar Kanonenschüsse, die wir thaten, verhallten unbeantwortet auf der Wasserfläche.

Da lagen wir nun einsam, ohne die geringste Bewegung, in einer, wenigstens uns Passagieren unbekannten Bucht des Oceans. – Der Mondschein war so hell wie der Tag, – die See war spiegelglatt, – und eben so wenig, wie sich ein Lüftchen regte in der Atmosphäre, eben so wenig rührte sich ein Wassertropfen in dem wie erstarrten Meere. Wir glaubten ringsum oder doch auf mehren Seiten von Bergesufern umgeben zu sein; wir setzten daher eine Schaluppe aus, die in weiten Kreislinien um das Schiff herumfuhr, um die Tiefe zu sondiren, und das sanfte Dahingleiten dieser Schaluppe war die einzige Bewegung, – die einzige Spur von Leben, die weit umher im Wasser- und Luftraume zu entdecken war.

Obgleich das Meer wegen seiner geringern Tiefe an sich selbst schon grünlich und hell gefärbt war und außerdem noch der hellste Mondschein von seinem Spiegel zurückgestrahlt wurde, so leuchtete das Wasser doch bei jedem Ruderschlage und verbreitete ein höchst eigenthümliches, grünliches Licht. – Aber Alles war todtstill um uns her, – wie ausgestorben, und wir hätten glauben können, uns auf einem unbewohnten, fernen Planeten zu befinden; – weder an nahen, noch an fernen Küsten war ein Lichtchen sichtbar, – kein Vogel schrie, – kein Laut eines andern Thieres war vernehmbar; – dort vor uns lag das dunkle starre Land: ein lang hingezogener Rücken, – hier der Silberspiegel des Meeres, und oben stand der goldne Mond am tiefen, schweigsamen Himmel.

Die ganze Natur schlief und war bedeckt mit einem Schleier von so friedsamer, so schöner und so erhabner Ruhe, – daß ich mit Worten eben so wenig im Stande bin, den Zauber, den sie athmete, auszudrücken, als Einer, welcher der Noten unkundig ist, den harmonischen Klang einer schönen Musik zu beschreiben vermag.

Nach einigen Stunden angestellter Untersuchungen war es dem Führer unsres Schiffes gelungen, sich zu orientiren; – wir lagen noch 12 oder 13 englische Meilen südwärts von dem Orte unserer nächsten Bestimmung entfernt, setzten uns zwischen 9 und 10 Uhr wieder in Bewegung und warfen noch vor Mitternacht unsre Anker auf der Rhede der Hauptstadt von Pulu Penang.

Weil die Matrosen gleich vom Augenblick unsrer Ankunft an auf der Rhede beschäftigt waren, einen neuen Vorrath von Steinkohlen einzunehmen, die in schon bereit liegenden Prauen von Penang angebracht wurden, so war das Schiff die ganze Nacht hindurch so voll Lärm und voll Thätigkeit, daß die Erscheinung jenes einschläfernden Magnetiseurs, der kein Geräusch liebt, bis spät in den Morgen von unserm Lager abgehalten wurde.

Die Sonne war daher schon längst aufgegangen, als ich am 12ten Sept. erwachte und – neugierig auf das Verdeck eilte. Aber die Überraschung war desto größer.

Da lachte mir unerwartet der allerfreundlichste Anblick eines schönen Städtchens entgegen, das westwärts vom Schiff in frappanter Nähe vor mir lag. Buschiges Grün um- und überschattete seine Gebäude und der bunte Farbenschmelz der Häuser, hellerleuchtet von der Sonne, malte sich in schroffem Contraste ab auf dem dunklen Hintergrunde des Waldgebirges, das zu einer imposanten Höhe emporstieg. – Es war seit meiner Abreise von Java das Erstemal wieder, daß ich eine gebirgig-großartige und zugleich schöne Natur in der Nähe erblickte.

Der unterste Streifen des Landes war ein kahler Sandstrand von heller, bräunlich-grauer Farbe, – dieser erhob sich zu einer etwa 10 Fuß hohen Fläche, auf welcher man rechts das Fort und links die hellfarbigen Gebäude der Stadt erblickte, die sich ungleich bebuschter, grüner, von viel zahlreichern Fruchtbäumen und Gruppen von Kokospalmen beschattet, als die von Singapur, darthaten.

Und jenseits der Stadt sah man gegen das steile Gehänge der Gebirgskette an, die Penang von Süd nach Nord durchzieht und die fast den ganzen Körper der Insel bildet. Da wir die schmale Zwischenfläche nicht sehen konnten, so schien es, als erhöbe sie sich unmittelbar hinter der Stadt. Ihre waldig-düstre Front stellte sich den Blicken in ihrer ganzen Ausdehnung dar und man konnte deutlich die Schlangenlinien von zwei Wegen unterscheiden, die an ihr hinanführten. Der nördlicher liegende dieser Wege endete etwa in der halben Höhe der Wand an einem kleinen Gebäude, das den Gipfel eines Vorberges oder einer vorspringenden Rippe bedeckte, und das, an seiner weißen Farbe auf dem dunklen Waldesteppich deutlich erkennbar, wie ein kleines Schloß von seiner Höh' herabschaute; – der zweite Weg schlängelte sich in der Richtung hinter der Stadt hinan und konnte mit den Augen verfolgt werden bis dicht unter den höchsten Saum des Gebirges, wo man auf einem Vorsprunge ein Häuschen erblickte. Über diesem Häuschen sah man auf dem höchsten Saume (der Firste der Kette) selbst zwischen noch mehren Gebäuden den Telegraph und die Stange mit der britischen Flagge, welche hier 2000 Fuß hoch, und weit hinaus in's Meer nach Ost und West sichtbar, in den Lüften flatterte.

Von dieser Höhe herab, die von allen Seiten frei und nirgends von einer andern dominirt ist, muß die Aussicht über das Gebirge, die Stadt und die ganze Insel hinweg, bis weit in die malai'sche Halbinsel hinein, oder in die Malakastraße hinaus, großartig sein.

Aber auch von unten erblickt, mit Augen, die hinauf sehen, gewähren diese luftig-hohen Menschensitze einen romantischen, schönen Anblick. – Wenn ich die Physiognomie eines Flachlandes oder niedrigen Hügellandes mit: – „unbefriedigend, endlos, nirgends fesselnd, wegschmelzend, – Gemüthabstumpfend", – bezeichnen möchte, so sind dagegen: – „erhaben, anziehend, aufmunternd, Hoffnungerweckend und doch auch wieder Sehnsuchtstillend, beruhigend, – heimisch" – die Worte, die einigermaßen den Eindruck schildern, den jede große Gebirgsnatur (wenigstens in mir) hervorruft. Dies war auch hier der Fall, mein Auge wandte sich ungern vom Panorama ab und ich fühlte gewissermaßen: „nur im Hochgebirge kann ich glücklich sein."

Obgleich ich den obersten Kamm der Bergkette von Pulu Penang, die nur einfach ist,[12] mehrmals mit Wolken umhüllt sah, so konnte ich seine Höhe doch nicht für mehr als 2000 par. Fuß halten, weil auf dem höchsten Punkte neben den Gebäuden noch Kokospalmen wuchsen, die man von der Rhede aus eben so deutlich zu erkennen vermochte, wie die einzelnen Wölbungen der Waldbäume auf der Firste überhaupt, – und weil es bekannt ist, daß sich rund um die Gipfel von Bergen, welche isolirt im Meere liegen und mit Waldung bedeckt sind, schon in geringerer Höhe Niederschläge bilden und Wolken bilden. Die große Steilheit des Gehänges aber, bei großer Schmalheit der Küstenfläche, (der bedeutende Gesichtswinkel, unter dem sich der Kamm des Gebirges darstellt,) ist Ursache, daß man den Bergsaum für höher und entfernter hält.

Außer einigen hellgrünen, wahrscheinlich bebauten Flecken, durch die der bräunliche Boden hindurchschimmerte, nämlich da, wo die Waldung gefällt war, – außer noch einigen andern, bräunlich-hellen Streifen, die man in den Klüften, Bachrinnen, besonders des nördlichen Theils der Kette bemerkte, und die wahrscheinlich von stattgehabten Bergschlipfen verursacht waren, – und außer dem langen, schmalen Strahle eines Wasserfalles (Gießbaches) in derselben Gegend, war das dunkle Waldgrün der Hauptkette nirgends unterbrochen.

So war die Aussicht, die sich uns von unserm Schiffe aus

auf der Westseite darbot. Wir lagen der Insel am nächsten und zählten noch 20 größere und etwa eben so viel kleinere Schiffe, die weiter ostwärts auf der Rhede zerstreut lagen.

Auf dieser Ostseite erblickten wir die niedrige, flache Küste der malai'schen Halbinsel, nämlich des Staates Queda, dessen König einen kleinen, etwa 12 Stunden langen und ein Paar Stunden breiten Saum der Küstenfläche, nämlich den Theil derselben, welcher der Insel Penang gerade gegenüber liegt, an die Briten abgetreten hat. – Obgleich viel weiter von uns entfernt als Penang, lag diese Küste doch nahe genug, um auf dem hellgefärbten, wahrscheinlich sandigen Strande die Casuarinen deutlich von andern Bäumen unterscheiden zu können, namentlich von den Kokospalmen, welche wie in regelmäßigen Reihen gepflanzt erschienen und, ganze Wälder bildend, sich unabsehbar lang am Strande hinzogen.

So weit unser Blick der Küste entlang reichte, war das Land flach und niedrig, wahrscheinlich alluvial, und erst in einer Entfernung von der Küste, die wir auf 10–20 englische Meilen schätzten, waren Hügelzüge sichtbar, hinter denen sich, noch weiter im Innern, etwa 20–30 engl. Meilen entfernt, größere Bergketten erhoben. Auch einige hohe, isolirte Berge, die übrigens nicht kegelförmig und also wahrscheinlich auch keine Vulkane waren, stellten sich unsern Blicken dar, ein näherer in Osten und ein fernerer mehr nordwärts, die bis in die Wolken reichten.

Nach eingezogenen Berichten soll dieser, den Briten unterworfene Küstenstrich, der Penang zunächst gegenüberliegt, (und der auch wohl Wellesleyland genannt wird,) besonders gut bebaut und fruchtbar sein und außer Kokospalmen und andern Fruchtbäumen, besonders viel Pfeffer produciren; wir konnten jedoch der Entfernung wegen keine bewohnten Plätze, keine Hütten an seinem Gestade erkennen.

Die zutrauliche Nähe der Stadt von Pulu Penang aber, die auf unsrer Westseite lag, munterte uns zu einem Besuche auf.

Ich setzte mich in einen der kleinen Kähne, deren Führer (theils Chinesen, theils Bengalesen) sich anboten, die Passagiere für einen halben Gulden an's nahe Land zu bringen.

Als ich in meinem Kahne dahin glitt, fing – lauter K a n o n e n d o n n e r an, meine Ankunft zu begrüßen.

Von zwölf S a l u t s c h ü s s e n erbebte die Luft, während ich mich dem Hafenkopfe näherte.

(Ich befürchte, daß mich einige Leser hier verdacht halten werden, meine Reiseerzählung mit figurativem Kanonendonner ausgeschmückt zu haben, – ich kann aber in E r n s t versichern, daß mir meine Ohren von den Schüssen dröhnten; denn die sechs Kanonen, womit geschossen wurde, standen ganz dicht am Strande, unter der Mauer der Festung, in deren Nähe ich landen mußte. – –
Um aber allen möglichen Zweifeln und ungläubigem Kopfschütteln vorzubeugen, will ich lieber folgende Erklärung ablegen. Ich bin nämlich der Meinung, daß auf der Rhede und in der Stadt Pulu Penang Niemand war, der jene Ehrenschüsse auf m i c h bezogen hätte, – am allerwenigsten war i c h einer von denen, die das thaten, ich vermuthete vielmehr, daß die 12 Pfund Pulver zu Ehren des Gouverneurs von Singapur verschossen worden sind, welcher sich (in einer etwas bessern Schaluppe, wie ich) gerade zu der Zeit an Bord eines kleinen Dampfers begab, der bald darauf via Singapur, die Rhede von Penang verließ.)

Ich kam doch aber unter Kanonendonner an, – stieg die steinernen Treppen des Hafenkopfes hinauf und zögerte nicht, mir so schnell wie möglich einen Palankin[13] zu miethen, um in der kurzen Zeit, die mir bis zur festgesetzten Abreise unseres Dampfers um 10 Uhr übrig blieb, noch so viel wie möglich von der Stadt und ihren Umgebungen zu sehen. (Denn, Leser! glaube mir, ich war weit entfernt, zu befürchten, daß man bei meiner Rückkehr an Bord Salutschüsse für mich thun würde, – ich war sogar nahe daran zu vermuthen, daß das Schiff sich die Freiheit nehmen würde, um 10 Uhr 0 Minuten ohne mich abzureisen, wenn ich mich um 9 Uhr 59 Minuten noch nicht an Bord befände.) Ich lebte hier sehr frei, also auch sehr glücklich, denn Niemanden fiel es ein, mich zu belästigen und Notiz von mir zu nehmen, außer dem Chines vom Kahne und dem Zeis vom Palankin, die bezahlt sein wollten.

So viel ich von Penang gesehen oder durch Andre vernommen habe, ist die Fläche, deren östliches (an die See grenzendes) Ende Stadt und Fort trägt, die einzige Ebene auf der ganzen Insel. Sie besitzt von der Stadt an nach Westen bis zum Fuße der Berge ihre größte Breite von etwa zwei englischen Meilen, nimmt aber in Norden und in Süden der Stadt sehr schnell an Breite ab. Sie hat nämlich fast die Form einer halben Scheibe, deren größte Rundung nach Osten in's Meer vorspringt, deren Basis aber dem Fuße der Bergkette angeheftet ist, so daß sich dieser Fuß in den übrigen Gegenden der Insel (nordwärts und südwärts von dieser vorgelagerten Fläche) unmittelbar und ohne Küstensaum aus dem Meere erhebt. Wie der Kamm der Kette, so streckt auch der Fuß (die Küste der Insel) im Allgemeinen von Süd nach Nord. – Die Fläche scheint vorzüglich aus einem hellen, bräunlich-grauen Sandgrunde zu bestehen und erhebt sich von der Stadt an (wo ihre

Höhe 10 Fuß betragen mag,) sehr allmählig und unmerklich nach dem Fuße der Berge.

Die Stadt ist bedeutend kleiner als Singapur, hat aber viel Ähnlichkeit mit dieser. In dem größten Theile derselben, besonders in dem, in welchem die Inländer (Nichteuropäer) wohnen, sind die Häuser eben so eng an einander gebaut, reihenförmig und bilden eben solche gerade Straßen, die sich kreuzen, wie in Singapur.

Viele von den Häusern, und diese scheinen die ältern, zuerst erbauten zu sein, in denen jetzt die ärmern Menschen wohnen, haben eine offene Vorhalle zwischen viereckigen Säulen von Stein, welche den vordern (vorspringenden) Theil des obern Stockes tragen. Auf den Säulen ruhen nämlich quere Balken und auf diesen Balken ruht das Mauerwerk des obern Stockes, gerade so wie es in einem großen Theile vom chinesischen Kampong in Singapur der Fall ist. Und eben so wie dort, sind auch hier zu Penang viele von diesen Querbalken in der Mitte schon gesenkt, concav, den Einsturz drohend, ja man sieht, eben so wie in Singapur, ganze Straßen, welche diese facies hippocratica haben und doch noch bewohnt sind.

Die Wege in und in den Umgebungen der Stadt sind gut, hart und eben, nämlich mit Meeressand (Korallensand) belegt, der eine bräunlich-hellgraue Farbe hat.

Der schönste Theil der Stadt aber ist der, welcher von der Küste am weitesten absteht und die Wohnungen der (wohlhabendern) Europäer enthält. Diese Wohnungen nämlich liegen mehr vereinzelt und zwischen Gebüsch zerstreut und viele davon sind eine Zierde der kleinen, umgrünten Plätze, in deren Mitte sie sich erheben. Auch einige kleine Kirchen zeichnen sich auf solchen Plätzen aus. Die Zahl der Fruchtbäume, die sich zwischen diesen

Wohnungen oder Villen emporwölben, ist viel größer, – das Ganze ist viel belaubter, schattiger als zu Singapur und das schöne Grün der Bäume, das mit dem hellen Sandboden lebhaft absticht, giebt den Häuschen oder kleinen Palästen, die darin zerstreut liegen, ein viel wohnlicheres, lieblicheres, einladenderes Ansehn, wie dort. Auch bemerkt man, besonders an Wegen und Plätzen viele Casuarinen unter den Bäumen.

Die kleinen Tempel der Chinesen, Bengalesen und andern Indischen Nationen, nebst den Měsigit's (Moskee'n) der Malaien und Araber, in denen Mahomed für den e i n z i g wahren Propheten gilt, – sieht man hier in nachbarlicher Eintracht zusammenstehn mit den Kirchen des Kreuzes. –

Nachdem ich die Stadt genugsam durchkreuzt und im, beiläufig gesagt, sehr kleinen, kneipenartigen Hotel eine Tasse schlechten Kaffee getrunken hatte, der aber, weil es am Lande war, mir und andern besser schmeckte, als der gute Kaffee bei uns an Bord, warf ich mich wieder in die Arme des Zeis vom Palankin, der mich zum Hafenkopfe, und des Kee's (Chinesen) vom Kahne, der mich an Bord brachte, wo ich eben noch zur rechten Zeit ankam, um die Spazierfahrt nach Europa mitzumachen.

Wir verließen die Rhede präcis um 10 Uhr (den 12ten September) des Vormittags, gerade in dem Augenblicke, als ein Regenschauer vor der Bergkette von Penang vorbeizog, während ringsum der heiterste Sonnenschein glänzte, und fuhren nord- zu west-wärts zwischen Pulu Penang und der Küste von Queda, natürlich der erstern viel näher, dahin. Eine Viertelstunde später veränderten wir unsern Cours nach Nord-Nord-West und erblickten nun von der Nordseite her den fl a ch en Theil der Insel, den wir nun seiner Breite nach sahen und der sich von hier aus nur wie e in einziger Wald von Kokospalmen darthat, von der

Küste an reichend bis dicht an den Fuß des Gebirges.

Als wir in dem grünlichen, untiefen Wasser der Malakastraße noch weiter nach Norden gekommen waren, sahen wir die von vielen Kokospalmen beschatteten Hütten eines Dorfes auf dem Strande stehn, welcher sich schnell und steil zum Gebirge erhob. Die Wälder, welche dieses bedecken, waren über dem Dorfe beträchtliche Strecken weit gelichtet und mit Bäumen (vielleicht Muskatbäumen oder Pfefferstauden) in regelmäßigen Reihen bepflanzt und in diesen gelichteten Gegenden des Gebirges war es, wo wir eine Menge von Felsblöcken zu erkennen vermochten, die, von zum Theil kolossaler Größe, am Gehänge herum zerstreut lagen und die in einer weißlichen oder hellgrauen Farbe schimmerten. – Auf der malai'schen Halbinsel sahen wir ferne Gebirgsketten, die bis in die Wolken reichten; ja diese Ketten, die später scheinbar zu isolirten Bergen wurden, (weil die wenigen hohen Theile derselben, je weiter wir uns von ihnen entfernten, immer weiter unter dem Meere verschwanden,) waren, wenn auch nur schwach und tief im Horizonte, auch des Abends um 6 Uhr noch sichtbar, als wir uns schon in der Entfernung von beinahe einem Längegrade von der Mitte von Penang und gewiß von 1¾ Graden von den Bergen der Halbinsel selbst befanden. Ihre Höhe muß hiernach sehr bedeutend sein und w e n i g s t e n s 9000 Fuß betragen. Das vor ihnen liegende Küstenland Queda's aber schien eine Breite von 30–40 engl. Meilen zu haben und flach oder doch nur niedrig zu sein.

Es war zwischen 12 und 1 Uhr, als wir um das Nordende von Penang herumbogen und nun mit w e s tlichem Cours in das immer dunkler werdende Meer hineindampften. In demselben Maße, in welchem wir uns von ihr entfernten, tauchte die Betelnußinsel[14] tiefer unter den Horizont, – ihr Ufersaum war schon um 1½ Uhr nicht mehr sichtbar, – ihre

Bergkette wurde niedriger, konnte aber deßhalb, in ihrer Gesammtausdehnung, desto deutlicher übersehen werden.

Diese westliche (oceanische, pelagische) Seite von Pulu Penang, die der Stadt mit ihrem Hafen entgegengesetzt ist, stellt sich schon den bloßen Augen weit steiler als die östliche oder Landseite dar, sie steigt fast ohne Strand unmittelbar aus dem Meere und ist, nach eingezogenen Berichten, vom Meere aus unzugänglich, ohne Ankerplatz und fast ganz unbewohnt. (In Vergleich mit dem niedrighügligen Singapur ist Penang in der That hochgebirgig zu nennen.)

Sie wurde immer blässer und blässer, sank immer tiefer unter den Horizont, – und um 6 Uhr des Abends, als die Mondesscheibe schon 20° hoch am östlichen Himmel stand, war sie nur noch mit guten Augen an dem Saume des Meeres wie ein schwaches Wölkchen zu erkennen.

Wir fuhren die ganze Nacht bei hellem Mondschein nach West zu Nord durch eine s p i e g e l g l a tt e See, in welcher unser Schiff wohl eine engl. Meile weit, eine schnurgerade Fahrt zurückließ, wie eine Straße oder Eisenbahn, die perspektivisch kleiner wurde. In der Mitte war die Bahn concav, aber glatt – zu beiden Seiten der Mitte war ein convexer, von den großen Wellen der Räder gehobener und bewegter Rand; – dann kam an der äußern Seite dieser Wellenlinien ein breiterer, von ganz kleinen, spitzen und dicht an einander gedrängten Wellen bewegter Streifen – und endlich zu den Seiten dieses letzterern lag die todtstille, wie polirte Oberfläche des Meeres.

Als uns nun wieder der Ocean umfluthete und auf allen Seiten nur noch eine einförmige Wasserfläche lag, auf deren Spiegel das Auge vergebens nach einiger Abwechselung suchte, – da erwachte das freundliche und doch so großartige Bild von Pulu-Penang, so wie wir es von der Rhede aus gesehen hatten, mit erneuerter Lebendigkeit in unsrer Phantasie. Der langhingezogene Gebirgsrücken, der sich steil erhebt und dessen ungleichhoher Saum bis in die Wolken reicht, – die hellfarbigen, (meistens weiß übertünchten) Gebäude der Stadt, hinter denen das waldige Berggehänge, wie ein dunkelgrüner Teppich ausgespannt ist, – die Wege, die in Zickzacklinien an der steilen Böschung hinanführen, die weißen Gemäuer, welche vom Gipfel eines Vorgebirges, wie ein altes Schloß herabschauen, – die Signal- und Flaggenstange nebst den Gebäuden, welche aus der düstren Waldung des hochobersten Rückens jäh auf die Rhede herabblicken und auf die Schiffe, die so nahe an ihrem Fuße ankern, – – dies voral waren die Hauptzüge, welche unsrer Erinnerung noch lange eingedrückt blieben.

Weitere Nachrichten über Pulu-Penang findet man in den oben bei Singapur angeführten Werken von Crawfurd, (Journal), Finlayson (Journal, p. 23 etc.), Colebrooke (Notice), Newbold (Account) und T. Ward, short sketch of the geology of Pulo Penang etc. – in Asiat. Research. Calcutta, 1833. vol. XVIII, p. 149 etc.

Aus diesen Werken entlehne ich die folgenden allgemeinen Notizen.

In 1783 kam die Insel zuerst in Privatbesitz des Capitains bei der britischen Marine, Ligt, der sie vom König von Queda als Brautschatz einer Prinzessin erhielt, welche er heirathete; in 1786 wurde die Insel Eigenthum der englischen Krone. – Sie ist 16 engl. Meilen lang und etwa halb so breit. Die Bergkette, die mit ihren Abhängen und Vorgebirgen den größten Theil der Insel ausmacht, besteht aus Granit, der oft in Syenit übergeht, und erhebt sich in ihren höchsten Punkten zu einer (bloß geschätzten)[15] Höhe von 23–2500 engl. Fuß. – Der Boden ist im

Allgemeinen dürr, felsig, und weder zum Anlegen von Sawah's, noch zum Anpflanzen von Zuckerrohr, sehr gut, aber zur Kultur des Muskatnußbaumes und noch mehr des P f e ff e r s geeignet, der zweimal jährlich reiche Ernte giebt, die von Chinesen besorgt wird. Reis wird aus Bengalen und aus dem gegenüberliegenden Queda eingeführt. Die Hochwaldung, welche die Berge bedeckt und von vielen Affen bevölkert ist, zeichnet sich durch säulenförmige Stämme aus. Die Einwohner sind Malaien, Buginesen, Batta's, Chinesen, Siamesen, Bengalesen, Malabarer, Coromandelesen, Araber, Perser, Europäer; ihre Zahl belief sich, den der Insel Penang gegenüberliegenden Küstenstrich mitgerechnet, im J. 1844 zufolge dem Singapore Chronicle auf 91,700 Seelen, wovon die größte Zahl Malaien waren. Werth der Ausfuhr (nach Crawfurd) betrug in 1825: 5½ Million Dollar; die Einnahmen waren 200,000 und die Ausgaben fast doppelt so viel. In 1836 betrugen diese Größen nach Newbold in Siccaropoijen[16]: 6,578,013 (Ausfuhr), – 190,859 (Einnahme), – und 54,740 (Ausgaben).

Den 13ten Sept. war unser Cours bei heitrem Wetter und spiegelglatter See erst West zu Nord und später West-Nord-West. – Wir fuhren also in der Richtung nach der Nord-West-Spitze von Sumatra und erblickten zuerst gegen Abend zu unsrer Linken, nämlich in Süden, eine Bergkette auf der Insel Sumatra, und zwar diejenige, worin der sogenannte Elephantenberg liegt, die aber so blaß waren, daß man sie kaum zu erkennen vermochte.

Wir hatten uns bis dahin auf unsrer Fahrt durch die Straße von Malaka des heitersten Wetters erfreut, nur am 10ten war es trübe gewesen und öfters feiner Regen gefallen, doch war es windstill geblieben, – am Abend des heutigen Tages (den 13ten Sept.) aber trat ein stürmischer West-Süd-West-Wind mit Regen ein, der die ganze Nacht anhielt und unsrer Fahrt also fast gerade entgegengesetzt war. Das Wetter änderte sich also zur Zeit, als wir der Insel Sumatra näher kamen.

Erst am Morgen des 14ten Sept. (unser Cours war West, gegen den Wind) konnten wir zu unsrer Linken die Bergketten auf Sumatra deutlich sehen, obgleich sie sich nur in blasser Ferne darstellten und der Küstensaum unter dem Horizonte blieb. Besonders ein Berg, den wir des Morgens um 6½ Uhr in Süden sahen (s. Fig. 6), zeichnete sich durch seine Kegelform aus; es war der sogenannte G o l d b e r g, der zwischen Pedir und Atjin liegt. Weiter westwärts von diesem erschien noch ein andrer, hoher Berg, der drei, halb in den Wolken verborgene Gipfel hatte und mit dem vorigen durch ein mäßig hohes Zwischenland verbunden war, – und noch weiter nach Westen zu erhob sich eine lange, aber sehr ungleich hohe Kette, die viel näher als jene beiden Berge lag, also auch deutlicher, dunkler war, und deren höhere Punkte ebenfalls in die Wolken reichten.

Dies war Alles, was uns von Sumatra (Atjin) sichtbar wurde, und es war zugleich das l e tz t e Land des Indischen Archipels, in dem ich nun 12 Jahre lang gelebt und gereist hatte, das wir erblickten. – Wie die Berge mehr und mehr dahin schwanden in blasse Ferne, erwachte lebhaft in mir die Erinnerung an die Batta-Länder, die dort hinter jenen Bergen liegen und in denen ich zwei der kräftigsten von jenen 12 Jahren meines Lebens zugebracht hatte, unter Menschen, die zwar in gewissen Fällen nach ihrem Gesetz Cannibalen, aber sonst gut und treu sind. Ich dachte an die schönen, romantischen Thäler und Berge von Angkola, – an das Plateau von Tobah, auf dem man, mitten unter dem Äquator in einer Luft, so kühl, wie in Europa lebt, – an die Fichtenwälder von Tobah und Hurung, durch die der Wind dort säuselt, – ich dachte an den Hochgenuß einer f r e i e n

Existenz in schöner, erhabener, reicher Natur, – ich dachte an die Abentheuer und wechselnden Schicksale, die ich dort, unter dem guten Volke, erlebt hatte, – und die Berge verschwanden, für mich vielleicht für immer, – sie tauchten unter in's Meer, und das Schiff fuhr dahin, – um mich in andre Länder und unter andre Völker zu bringen, bei denen man wenigstens (wenn man seine Abgaben richtig bezahlt,) der Gefahr a u f g e g e s s e n zu werden, nicht ausgesetzt sein wird.

Den 21sten Sept. Abends. – Wir haben nun vom 14ten Sept. an bis jetzt acht Tage zugebracht mit dem Durchschiffen der indischen See, südwärts vom Golf von Bengalen, um den Raum zwischen Sumatra und Ceylon zurückzulegen. Unser Cours war fast fortwährend rein westlich und der Wind blies anhaltend aus West-Süd-West; er war g e w ö h n l i c h nur mäßig-heftig, – verstärkte sich aber s e h r o f t auf eine stürmische Art und war dann jederzeit von Regenschauern begleitet, die von vorn und links schief über das Verdeck hinwegstrichen, aber wie der stürmische Wind selbst, nur von k u r z e r Dauer waren; – der Himmel war meistens trübe, gleichmäßig bewölkt und nur selten von einem blauen Fenster unterbrochen. Die See ging hohl, das Schiff schwankte stark und alle Luken auf der Windseite mußten geschlossen werden, weil häufige Seen (Wellenspitzen) hinter dem Räderkasten herauf auf das Verdeck schlugen und bis zum Steuerruder spritzten.

Nur an drei von diesen acht Tagen (den 16ten, 20sten und 21sten) hatten wir ziemlich gutes, heitres Wetter gehabt, ohne Regenschauer. Den 20sten um 10 Uhr wurde unser westlicher Cours verändert in einen west-süd-westlichen und der Rauch unsers Dampfers, der bis jetzt schief nach hinten und rechts geflogen war, strich nun als langer schwarzer Streif gerade nach hinten. Auf dem einförmigen Meere, wo andere Gegenstände der Beobachtung fehlen, achtet man gern auf solche Besonderheiten, wie gewöhnlich und häufig sie auch sind. – Den 21sten von 12 Uhr an begannen wir mit west-nord-westlichem Cours zu fahren; auch der Wind war seit dem vorigen (20sten) Abend von 8 Uhr an weniger beständig und blies erst aus West, dann aus West zu Süd, West-Süd-West und zuletzt selbst aus Süd-West. – Wir glaubten am 21sten Abends uns nahe bei Ceylon zu befinden, blickten oft nach West und Nord-West, konnten aber noch kein Land sehen, was uns nicht wenig besorgt machte. Das Dampfschiff nämlich, das die Passagiere von Ceylon bis Suez bringen muß, darf seiner Instruction zu Folge nicht länger zu Point de Galle warten, als bis zum 22sten Abends 6 Uhr und m u ß dann abreisen, auch wenn das Schiff von China und Singapur noch nicht angekommen ist. – Wir hatten aber die ganze Zeit über seit dem 13ten Abends Wind, Wellenschlag, Strömung – Alles gegen uns und waren nur langsam vorwärts gekommen.

Wir waren während dieser Zeit zwei Schiffen begegnet, dem einen am 19ten des Morgens früh, dem zweiten am 20sten um 2 Uhr; dieses letztere kreuzte mit vollen Segeln unsere Fahrt und ging wahrscheinlich von Calcutta nach dem Kap der guten Hoffnung. Außerdem hatten wir in unserm Gesichts- und Wirkungskreise nichts Fremdartiges erlebt, keine Veränderung war vorgefallen.[17] – Nur am 14ten Vormittags, als wir uns noch gegenüber der Nordspitze von Sumatra befanden, hatten wir den ängstlichen Anblick, ein Geschöpf, das nicht zu einem Wasserbewohner geschaffen war, eine Zeit lang mit den Wellen ringen zu sehen, wir glaubten in Todesfurcht. Ein chinesischer Matros nämlich war über Bord gefallen, der Korkring wurde ihm nachgeworfen, den er auch schwimmend erreichte und faßte, – und in aller Eile wurde die hintere Schaluppe herabgelassen; aber obgleich die Maschine augenblicklich gestoppt wurde, so war das Schiff in seiner schnellen Fahrt doch schon so weit vorausgegangen, daß wir den Schwimmenden nicht mehr sehen konnten, der gewiß ¾ englische Meile von uns entfernt war, als ihn die Schaluppe fand und aus dem ziemlich bewegten Meere auffischte. – Als nach einem halbstündigen Aufenthalte der Mann wieder an Bord gebracht wurde, ging er ganz gleichgültig an seine Arbeit und Niemand bekümmerte sich um ihn.

Endlich! – den 22sten Sept., des Morgens früh, erblickten wir das Land des Zimmtes, der Elephanten, Perlen und Edelgesteine, – nämlich das seit zwei Tagen schon von uns ersehnte Taprobane der Alten,[18] die Insel Ceylon der Neueren, die sich in blasser Ferne vor uns zur Rechten als ein mäßig hohes Land hinzog, das einen fast ebnen, nur wenig gekerbten Saum hatte. – Unser Cours war West und der Wind wie an den vorigen Tagen West-Süd-West, von 8 Uhr an aber West.

Die Küste schien sich von Nord-Ost nach Süd-West hinzuziehn, denn wir rückten, westwärts steuernd, dem Lande allmählig näher und sahen erst an einigen Stellen und bald überall den weißen Saum der Brandung. Um 7½ Uhr segelten wir einer vorspringenden Ecke vorbei und konnten nun erst das Land deutlich unterscheiden, das sehr niedrig war und aus ausgebreiteten (verflachten) Hügelzügen zu bestehen schien, auf deren Saume man den Umriß der einzelnen Bäume wohl zu unterscheiden vermochte. Wir waren etwa drei englische Meilen von der Küste entfernt und bewunderten vor Allem die ausgedehnten Wälder der Kokospalme, die das Gestade bedeckten.

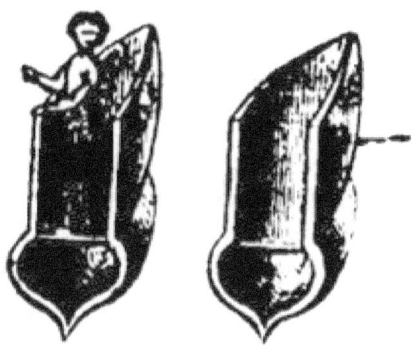

Wir fuhren um 8 Uhr zwischen einer Menge von kleinen Fischerböten hindurch, die von sehr eigenthümlicher Bauart, nämlich sehr schmal, dabei aber sehr hoch (der innere Raum sehr tief) waren, so daß die drei Mann, die sich in einem jeden befanden, mehr als zur Hälfte darin verborgen blieben, sich aber kaum umdrehen konnten, ohngefähr so, als wenn sie in einer Straßenrinne (schmalen Wasserleitung) gestanden hätten. – So waren alle Kähne der Singalesen gebaut, die wir auf der Südküste von Ceylon sahen und sie waren nur auf einer Seite mit einem balancirenden Bambusrohr versehen. – Um diese Zeit (8 Uhr) befanden wir uns einem hohen Vorsprunge gegenüber, welcher eine weite Bucht, deren Ostecke wir um 7½ Uhr gesehen hatten, in Westen begränzte, – der oben mit kurzer Waldung bedeckt, plattenartig ausgebreitet war und sich dann als ein steiles, mauerähnliches Felsgehänge in's Meer herabsenkte. Die Farbe der Felsen war ein helles, gelbliches Braunroth; sie bestanden vielleicht aus Sandstein.

Ferner kamen wir auf der Weiterfahrt nach Westen, während uns immer mehre von den so eben beschriebenen Kähnen begegneten, noch einer Menge solcher Buchten und vorspringenden Ecken vorbei und befanden uns demzufolge bald in einer Entfernung von drei, bald von sechs engl.

Meilen von der Küste, die wir, weil der Himmel bewölkt und der Horizont dunstig war, im Hintergrunde der Buchten nur undeutlich zu unterscheiden vermochten. – Von 9½ Uhr an war der nächste sichtbare Theil des Landes ein niedriger, flacher Küstensaum, der sich einwärts zu ausgebreiteten Hügeln erhob, ein mehr verflachtes, als wellenförmiges Hügelland bildend, das hier und da, wo der Küstensaum fehlte, auch bis zum Meere selbst vorgeschoben war. Dieses flache Gestade nebst den Gehängen des angränzenden Hügellandes sahen wir (wie überhaupt schon seit 7½ Uhr alle andern Theile der Küste) mit ungemein ausgedehnten Kokoswäldern bedeckt, die ununterbrochen bis Point de Galle gleichsam nur einen einzigen Palmenwald bildeten, der ganzen Küste entlang, so weit man sehen konnte.

Wir veränderten unsern Cours um 10½ Uhr, parallel mit der Richtung der Küste, nach West-Nord-West, bekamen aber erst um 12 Uhr vorn zu unsrer Rechten die Stadt Point de Galle zu Gesicht, von deren Gebäuden wir nur einen säulenförmigen Leuchtthurm und die Giebel der Häuser sahen, so weit sie aus grünem Gebüsch und aus einer Ringmauer, welche die Stadt umgiebt, emporragten, oder so weit die dunstvollen untern Schichten der Atmosphäre in zweifelhaftem Schimmerlicht sie zu erkennen erlaubten. Die Bucht diesseits der Stadt, in welche wir einlaufen mußten, ist von zwei vorspringenden Felsenecken begränzt, die einander von West-Nord-West nach Ost-Süd-Ost gegenüber liegen. Auf der west-nord-westlichen Felsecke steht die Stadt, – die ost-süd-östliche Felsecke ist das Ende eines langen, ausgebreiteten Hügelrückens, der 1–200 Fuß hoch sein mag und sich an manchen Stellen, 20–30 Fuß hohe Wände bildend, felsig-steil in's Meer herabsenkt, in den übrigen Gegenden aber durch einen hellgelblichen Sandstrand vom Meere getrennt ist. Nordwärts geht diese ost-süd-östliche Hügelecke in ein ganz niedriges, flaches Küstenland über, das nicht nur die Bai auf den übrigen Seiten, sondern auch die Stadt auf der innern Seite umgiebt, so daß der erhabne Grund, worauf diese liegt, dadurch von allen andern Hügeln abgeschnitten und in eine isolirte Felsinsel verwandelt wird, die auf drei Seiten vom Meere und auf der vierten von flachem Alluvialboden begränzt ist.

Wir wendeten um 12¾ Uhr unser Schiff direct nach Norden und fuhren durch den engen Eingang zwischen zwei Schwimmern, die das von Klippen freie, schmale Fahrwasser anzeigten, hindurch in die stille, tiefe Bucht hinein; zur Rechten blieb jenes Felskap, – zur Linken der Fels mit dem Leuchtthurm und die Stadt Point de Galle (oder Punto Galle), die nun in voller Klarheit, nahe vor uns lag. Schwärzliche Felsen, vom weißen Schaume der Brandung bespritzt, starren jäh und rauh aus dem Meere empor und tragen die Ringmauern der festen Stadt, über welche, eng zusammengruppirt, die rothen und weißen Giebel und Zinnen der Häuser herüberblicken, vermengt mit dem Gebüsch von Fruchtbäumen, deren schönes Grün sich freundlich auf den starren Fels und das Meer, das ihn umschäumt, herunter neigt.

Dieser Menschensitz, diese Hauptfestung Süd-Ceylon's unter den Niederländern seit 1642, – als wir ihn so erblickten, gleichsam im Bewußtsein von unbesorgter Sicherheit innerhalb seines Gemäuers, – freundlich, grün, auf starrem Fels im Meere und auf drei Seiten von der Brandung umtobt, gewährte einen äußerst romantischen, alterthümlichen Anblick und erinnerte mich an manche Stadt in Europa aus den Zeiten des Mittelalters, die ich seit so langen Jahren nicht mehr gesehen hatte.

Wir ließen um 1 Uhr, der Stadt ostwärts gegenüber, die Anker fallen und lagen nun zwischen dieser und dem großen Dampfschiff B e n t i n c k, demselben, das von Calcutta angekommen war und schon zwei Tage lang auf unsre Ankunft allhier gewartet hatte. Da dessen Abreise von hier, via Aden, noch vor Eintritt des Abends festgesetzt war, so blieben uns zu einem Besuche der Stadt nur die wenigen Stunden übrig, welche die Schiffe nöthig hatten, um die Bagage von Bord der B r a g a n z a herüber an Bord des B e n t i n c k zu befördern, was ohne Zuthun der Passagiere geschah. Rathsam war es aber und dafür wurde es auch von allen Passagieren gehalten, die k l e i n en Stücke der Bagage, die man jederzeit nöthig hat, beim Übersteigen auf das neue Schiff, was in Kähnen der Inländer geschieht, die man bezahlt, selbst mit zu nehmen, weil sie sonst leicht mit in den Schiffsraum, in das allgemeine Magazin der Güter geworfen werden oder aus dem Haufen der Hunderte von Packeten und Kisten nicht so leicht wieder herauszufinden sind. Es könnte also wohl geschehen, daß man darauf warten müßte. Doch verloren geht nicht leicht ein Stück.

Ich setzte mich also in einen singalesischen Kahn und fuhr – aber, halt, das ging so schnell nicht; denn viele Dutzende von solchen größern und kleinern Kähnen umwimmelten das Schiff und ihre Führer stritten sich um die Ehre, einen Passagier für ½–1 Gulden an's Land zu bringen. Es war ein ohrbetäubendes Geschrei von Stimmen, die sich mit einander verwirrten, eben so wie die Kähne, die mit ihren Seitenstangen oder Segeln in Wirrwarr geriethen und man lief große Gefahr, bei dem Überspringen von dem einen in den andern ein Bein zu brechen, in's Wasser zu fallen oder zwischen den Kähnen, die aneinander stießen, zerquetscht zu werden. Um meine geringe Person stritten sich, so laut, daß mir die Ohren davon dröhnten, wenigstens fünf Kahnführer, die mein Malai'sch eben so wenig verstanden, wie ich ihr Singalesisch und ich achtete mich glücklich, als die Bataille so weit beendigt war, daß ich aus den Händen von Fünfen endlich in die von E i n e m kam, welcher siegestrunken Besitz von mir nahm und unter herausfordernden Mienen gegen die Andern, die ihm Verwünschungen nachschrien und nachgesticulirten, mit mir eiligst der Stadt zuruderte.

Am Ufer angekommen, sahen wir Hunderte von neuen Plagegeistern auf dem Hafenkopf bereit stehen, um uns Fremdlinge zu empfangen. Es waren eingeborne (singalesische) und fremde (besonders bengalische) Kaufleute, meistens arme Lumpen oder Straßenbuben, deren jeder etwas in der Hand oder in einem Sacke hielt, um es dem Reisenden zu verkaufen oder besser gesagt, aufzudringen. Daß dies mit einem lauten Concert durch einander kreischender Stimmen begleitet war, versteht sich von selbst. Sie drückten dem Reisenden ihre Waaren mit Gewalt in die Hand, – verlangten dann ungeheure Preise dafür, z. B. für einen kleinen Bambusköcher 5, für ein Stück Quarz oder Jaspis, das sie in dem ersten besten Bache aufgelesen hatten, 10 Gulden, und weigerten sich, wenn der Reisende den Preis zu hoch fand, hartnäckig, ihre Waare wieder anzunehmen, verfolgten ihn vielmehr unter lautem Geschrei, Schritt für Schritt. Ich sah Passagiere, die von 20 dergleichen Schreiern begleitet waren. Ich war so glücklich, mit einer Eskorte von bloß sechs abzukommen, die mir auf meiner Rundreise durch die Straßen der Stadt, als getreue Trabanten, auf dem Fuße folgten und bald von der linken, bald von der rechten Seite, etwas zu kaufen vorhielten, in welchem Geschäft sie eine bewundernswürdige Ausdauer an den Tag legten. Ich kaufte ihnen endlich etwas ab, z. B. Onyxe, fossile Elephantenzähne (von Elephas primigenius), die sie auf der einen Seite geschliffen und polirt hatten, und hoffte mich dadurch, wenigstens von einem Theile derselben, zu befreien; aber, – wie irrte ich mich! Kaum hatten die Andern, welche durch die Straßen schlenderten, gesehen, daß ich nachgiebig, d. i. überwindlich war, als sie zu ganzen Truppen herbeiströmten und sich meine Satellitenschaar dadurch wenigstens um das Zehnfache vermehrte, – so daß ich nahe daran war, diese Kaufleute für eine eben so stabile Plage der Reisenden in den Städten, – wie die kleinen Springblutegel[19] in den Wäldern Ceylon's zu halten.

Man schreitet von der Land- d. i. Nordseite her unter hohen, gewölbten Thoröffnungen durch die alten Backsteinmauern und Wälle der Festung, und gelangt in's Innere der Stadt, deren Straßen vom höchsten Punkte des Hügelwulstes, auf welchem sie erbaut ist, sich am stärksten nach Süden, der See zu, herabsenken. – Sie enthält keinerlei ausgezeichnete Gebäude und die mehrsten Häuser sind klein, einstöckig und fast alle von Stein. Ich habe wenig Leben oder Verkehr, auch keine großen Kaufläden oder Packhäuser bemerkt und glaubte hieraus schließen zu dürfen, daß Punto Galle seine alte Größe als Handelsstadt verloren und nur erst seit der Einrichtung der Landmail, als Station für die Schiffe zwischen Indien und Arabien, eine erneuerte Wichtigkeit erhalten habe. Die Stadt scheint zum Theil auf Gneiß von grauer Farbe, zum Theil auf weißem Korallenfels erbaut, und liegt an der Südküste von Ceylon unter 6° 1' nördl. Breite und 80° 10' östl. Länge von Greenw.

Interessanter als das Innere der Stadt, war mir der Anblick der flachen Gegenden der Insel, welche die Stadt nord- und nord-ost-wärts begränzen und mit einer allerüppigsten (angepflanzten) Vegetation bedeckt waren. – Von Hochwaldung sah ich zwar nirgends eine Spur, aber – das Gehänge der Hügel und noch mehr das flache Gestade rund um die Bai und die Stadt waren mit ungeheuern Waldungen der Kokospalme bedeckt, die man nicht übersehen konnte. –
Welche dichte Zusammengruppirung von schlanken,

säulenförmigen Stämmen, – welche dunkle Schatten zwischen den 70–100 Fuß hohen Säulchen, tief unter den rauschenden Wedeln, – welche an U r w a l d gleichende Wildniß von P a l m e n, – welche Verwirrung von in allen Richtungen durch einander geworfenen, senkrechten, überhängenden und ganz niedergestreckten Stämmen! – – ich mußte gestehen, daß ein solcher Kokoswald, eine solche ununterbrochene, Tagereisen weit reichende Ausdehnung von dicht gedrängten Palmen auf Sumatra und Java n i c h t anzutreffen ist. – Wahrscheinlich ist die sandige Beschaffenheit der Gestade und die Quarznatur des Sandes, bei gleich günstigen Verhältnissen eines gleichmäßig warmen, nicht zu feuchten Klima's, ein Hauptbedingniß zu ihrem üppigern Gedeihen.

Als ich von der B r a g a n z a, welche ich nach meiner Rückkehr aus der Stadt noch einmal besucht hatte, an Bord des B e n t i n c k angekommen war, war mir etwa so zu Muthe, wie Jemandem, der aus einer Provinzialstadt in eine Kapitale wie Paris oder London eingetreten ist. Dieser Landmail-steamer, befehligt vom Capt. A. K e l l o c k, ist einer der größten, welchen die Peninsular and Oriental Steam Navigation Compagny besitzt, er mißt 1800 Tonnen, hat 520 Pferdekraft und nur noch einer (der „H i n d u s t a n", commandirt von Capt. S. L e w i s) kommt ihm an Größe gleich.

Als ich dem Gewühl sich einander durchkreuzender Interessen entkommen war und, zur Ruhe gelangt, auf dem Hinterdeck des Lord Bentinck saß, kostete es mir Mühe, mich an die Überzeugung zu gewöhnen, daß ich mich auf dem Verdeck eines S c h i f f e s befand, – so lang und breit dehnte sich die reinliche Bretterfläche vor mir aus, die durch ihren Reichthum an verschiedenartigen Gegenständen dem darauf Spazierenden Abwechselung und Zerstreuung gewährte, – die zum Theil mit Zelten überspannt, und mit Bänken und Stühlen besetzt war. Nur auf dem Vorderdeck, in der Nähe des Bugspriet, und sonst nirgends im Schiff, durfte geraucht werden. Ein Neuling lief Gefahr, in den drei Vertiefungen des Innern, die man auf eleganten, theils geraden, theils wendelförmigen Treppen hinabstieg, sich zu verirren, wenn er in den langen Gängen zwischen den Zimmern herumschritt; denn die Anzahl dieser Zimmer (Cabin's) war groß genug, um Jedem der 100 Passagiere erster Klasse, die sich an Bord befanden, einen besondern Schlafplatz zu verschaffen, außer den Offizieren, dem Schiffsvolke und den Passagieren zweiter Klasse. In den mehrsten Cabin's wohnten zwei, in manchen drei, vier, in wenigen nur ein Passagier, je nachdem die Cabin's mehr oder weniger Schlafplätze enthielten (deren wenigstens zwei **über** einander angebracht waren). Sie waren mit guten Matrazen, Spiegeln, Waschtafeln und Zubehör, Bänken, Stühlen und andern Bequemlichkeiten versehen und Bettzeug und Handtücher wurden fleißig gewechselt. Trink- und Waschwasser wurde in Überfluß gereicht und an einem Badezimmer, einem Regenbade, das nach geöffnetem Krahne aus einer siebartigen Öffnung der Decke herabträufelte, fehlte es nicht, leider aber auch nicht an Kakerlaken (Blatta orientalis), die, wie es scheint, eine allgemeine Plage aller Schiffe in den Tropengegenden sind. In den dunkeln Räumen der Hütten, zwischen den Brettern, waren diese zollgroßen, schnelllaufenden Thierchen nur allzu häufig und man konnte sie nur auf kurze Zeit von seinem Lager mit Eau de Cologne vertreiben. Ich würde jedem Reisenden anrathen, auch der Kühlung wegen sich mit einem recht großen Vorrath dieses destillirten Wassers zu versehen. Übrigens war die Hitze im Innern des Schiffes erträglich, da zweckmäßig angebrachte Ventilatoren für Abkühlung und frische Luft sorgten. – Das Installiren verschiedener Reisenden in **ein** Zimmer wurde stets mit Discretion verrichtet, und gewöhnlich blieb es den Passagieren selbst überlassen, sich mit einander zu verständigen und ihre Stubengefährten nach eignem Geschmack zu wählen. Es war Einer an Bord, mit dem N i e m a n d zusammenwohnen wollte, und dieser erhielt ein Zimmer allein. – Um 8 und 12 Uhr zur Zeit des Frühstücks und Tiffets wurde Kaffee, Thee, mit Eiern, Brot, kalten Speisen etc. gereicht und um 4 Uhr zum Diner geläutet. Abends wieder Thee. Der Speisesaal war elegant, mit drei langen Tafeln versehen, an denen alle Passagiere (der ersten Klasse) Platz hatten, mit Spiegeln und Gemälden decorirt, so daß man, an der Tafel sitzend, zwischen solchen Umgebungen ganz vergaß, sich auf dem Meere, an Bord eines Schiffes zu befinden, zumal, da von dem Arbeiten der Maschine und dem Brausen der Räder nichts zu hören oder zu fühlen war. Das Schiff glitt seiner Größe wegen, von Ceylon bis Suez, so gleichmäßig dahin, daß auf dem Verdeck auch nicht das geringste Schwanken zu verspüren war und man erst über Bord blicken mußte, um sich zu überzeugen, daß sich das Schiff fortbewege. Schafe, Schweine, Kälber, Rinder, Tauben, Hühner, Enten, Gänse, Truthähne etc. befanden sich, nicht etwa wie in der Arche Noäh in bloß einem Paar, sondern in ganzen Heerden und Schaaren bei uns an Bord und versahen die Tafel, Tag für Tag, mit mannigfach zubereiteten Fleischspeisen von alle den genannten Arten und an frischem Brot und Gemüse fehlte es nicht, so daß ich im Ernst versichern kann, noch nie eine so überflüssig, ich möchte sagen, so m a s s i v (besonders mit Fleischspeisen) besetzte Tafel gesehen zu haben. Das Buffet war mit englischem Bier (pale ale) und allen Arten von Weinen versehen, die ein Jeder ad libitum trank. Nur der Champagner machte hiervon eine Ausnahme und wurde von den Passagieren nicht gefragt, sondern nach jeder Mahlzeit in einer bestimmten Anzahl Flaschen g e r e i c h t. Auch das Dessert war vorzüglich und überhaupt ließ die Beköstigung, wie die ganze Einrichtung an Bord, nach der Meinung Aller, Nichts zu wünschen übrig. Zur Unterhaltung der Passagiere war eine Bibliothek, die besonders Reisebeschreibungen enthielt, nebst andern Zerstreuungsmitteln, Spielen etc. im allgemeinen Versammlungs- und Speisesaal vorhanden. Unter den Reisenden waren etwa sechs Damen, von denen die Engländerinnen sehr zurückgezogen und steif, fast holländisch, – die Französinnen aber freundlich und gesprächig waren und nebst einigen Kindern viel zur angenehmen Unterhaltung beitrugen.

Wir lichteten am 20sten Sept. des Abends die Anker, waren um 7 Uhr flott und fuhren zwischen zwei leuchtenden Feuern (großen Fackeln) hindurch, die man an der Stelle jener zwei schwimmenden Kugeln, in Kähnen angesteckt hatte, um uns den Weg in's Fahrwasser mitten zwischen den Klippen hindurch zu zeigen. So wie den Tag über die Luft bewölkt gewesen war, ob es gleich nicht geregnet hatte, so war auch die Nacht dunkel, und kein Himmelslicht war sichtbar.

So dampften wir nun wieder, nach kurzem Aufenthalte auf trockenem Boden, in das altum mare hinaus. Die Lichter, die auf den Schiffen und in den Gebäuden brannten, traten immer weiter zurück, aber erst spät am Abend verschwand das Feuer des Leuchtthurms.

Von den vielen über Ceylon erschienenen Werken und in Zeitschriften zerstreuten Aufsätzen, mögen hier nur folgende a l l g e m e i n e r e genannt sein.

Rob. Knox, Historical Relation of the Island of Ceylon. London, 1817. 4.

Jan. Cordiner, Description of Ceylon.

London, 1807. 4.

Montgomery Martin, History of the British Colonies. London, 1834. Das Hauptwerk aber ist:

J. Davy, Account of the Interior of Ceylon etc. London, 1821. 4. – J. Davy, On the Mineralogy of Ceylon in Transact. of the Geol. Soc. vol. V, p. II, p. 311 etc.

Major Forbes, Eleven years in Ceylon comprising sketches of the field sports and Natural History of that colony and an account of its History and antiquities. 2 vol. 8. London, 1840.

Ceylon wurde bekanntlich in 1505 von den Portugiesen entdeckt, die jedoch erst seit 1536 in vollständigen Besitz der Insel (der Küste) gelangten und in 1658 (aus Point de Galle bereits in 1642) wieder von den Niederländern daraus vertrieben wurden. Diese letztern besaßen die Insel bis 1796, in welchem Jahre sie an die Englisch-Ostindische Compagnie überging.

Die Insel wird von Davy mineralogisch reich, aber geologisch arm genannt und soll vorherrschend aus sogenannten primitiven Gebirgsarten, Gneiß und Granit, bestehen, die sehr einförmig verbreitet und in vielen Gegenden von sehr mächtigen Quarzgängen durchsetzt sind. Außerdem zeichnen sich diejenigen Felsberge aus, in denen die berühmten, großen Salpeterhöhlen der Insel liegen und die aus Dolomit[20] bestehen sollen. Die primitiven Gebirge sind aber auch von sehr ausgebreiteten Sandsteinbänken umlagert, deren geologische Stellung, in Beziehung auf die Formation, der sie angehören, und auf die fossilen Reste, die sie umschließen, unbekannt ist. An den Gestaden kommt jüngster Meeressandstein vor, nebst Kalkbänken (Korallenkalk?) und außerdem Alluvialboden.

Sehr bezeichnend und allgemein verbreitet auf Ceylon aber sind T r ü m m e r b i l d u n g e n, Lager von zerstörten Felsarten, die in den Thälern und Flußbetten als Gerölle vorkommen. Und diese Trümmergesteine im Diluviallande sind es, welche den Reichthum Ceylon's an E d e l s t e i n e n enthalten, an allen Arten der Q u a r zgattung (Onyx, Amethyst etc.), – an Turmalin, Topas, Granat, Zircon, Rubin (Sapphir, Spinell) u. a., die daher vorzugsweise in Flußbetten gefunden werden. Ebenso Eisenerze. – Meeressalz wird in Lachen an den Küsten reichlich gewonnen.

Vorherrschende Q u a r ztrümmer und Q u a r zsand sind für viele Gegenden von Ceylon bezeichnend und bedingen die Production der feineren Arten von Zimmt. – Regen fällt auf Ceylon fast das ganze Jahr hindurch gleichmäßig vertheilt und unabhängig von den Mussonwinden, die vom Mai bis Anfang November (während bei nördlicher Declination der Sonne die Temperatur von Asien größer ist, als die des Ocean's) aus S ü d - W e s t und von November bis März (während bei südlicher Declination die Wärme des Ocean's und Südafrika's größer ist, als die Asien's) aus N o r d - O s t wehen.

Eine große Plage für den Menschen haben die Gebirgswälder Ceylon's mit denen Java's, Sumatra's, Dekan's und Hinter-Indien's gemein, nämlich die kleinen Springblutegel (Hirudo ceylanica *Blainville*, dict. des sc. nat. t. 47, p. 271), die nebst den Mosquiten auf Java und besonders auf Sumatra mich oftmals mehr der Verzweiflung nahe brachten, als alle Elephanten, Tiger, Rhinocerosse, wilde Stiere und andre große Thiere der Wildniß zusammengenommen zu thun im Stande waren. Man lese hierüber beliebig nach J. D a v y, l. c., p. 102, tab. II, fig. 4. – Leschenault de la Tour, Relation abregée d'un voyage aux Indes Orient., im Mém. du Museum d'hist. nat. Paris, 1822. t. X. p. 268.

Den 23sten Sept. Wir hatten auf unsrer heutigen Fahrt durch das indische Meer trübes Wetter und öfteren feinen Regen. – Unser Cours war West zu Nord und der Wind blies aus West-Süd-West bis zu Süd-West. –

Des Abends wurde der Wind stärker, der Himmel wurde heiter, alle Sterne funkelten – und nun bot uns das Meer ein wundervolles Schauspiel!

Der Mond schien auf die Wasserfläche herab, auf welcher wir Nichts würden haben unterscheiden können, wenn nicht der Schaum, und n u r der Schaum hell und weiß wie Schnee gewesen wäre. Das ganze Meer sah p e c h s c h w a r z aus, war aber bedeckt von unzähligen, weiß-leuchtenden Streifen, wie mit erhellten Kähnen oder länglichen Laternen, die darauf schwammen und die nach dem Horizonte zu an das nächtliche Bild einer großen Stadt mit ihren Lichtern erinnerte, wenn man diese von einer Rhede aus erblickt. – Also Millionen streifenförmiger, s c h n e eheller Fackeln, die auf einem pechschwarzen Meere schwammen – welcher Anblick!

Vorn am Bugspriet flogen Wolken von Lichtschaum halb kreisend, zur Seite – und am Ruderkasten war das schäumende Wasser so hell, daß ein Lichtschein aus dem Meere heraufgeworfen wurde und die eine Seite des Bootes, das zur Seite des Schiffes hing, erhellte, gleichsam als wenn der Mondschein aus den Wellen heraufschiene, – aber außer dem Schaume leuchtete N i ch t s und nirgends konnte man helle Körper, nirgends Funken entdecken, die man in andern Nächten oftmals durch das Wasser blitzen sieht; – hinter den Räderkasten, zur Seite des Schiffes glühte ein schneeweißes Feuer, ein Feuer, das nur wenig in's Grünlich-Blaue überging, etwa so, wenn man ein helles Licht durch eine Eisscholle scheinen läßt, – von da kräuselte das bewegte Wasser in Ringen und Streifen weiter, vereinigte sich hinter dem Schiff mit dem der andern Seite und bildete dann noch weit, weit hinaus hinter unserm Dampfer, der schnell vorwärts eilte, einen langen, so hell wie Schnee glänzenden, aber von vielen pechschwarzen Flecken unterbrochenen Schweif – gleichsam eine Milchstraße, deren Sternenschimmer von schwarzen, leeren Räumen, durch welche man in die unendliche Tiefe hinaus oder hinab blickt, unterbrochen ist, – und rund um diesen Schweif hinter dem Schiffe und dem Lichtsaum zur Seite desselben, umgaukelten und umflimmerten uns noch, bis an den fernsten Horizont jene Millionen von schwimmenden Laternen! – Es war unbeschreiblich schön und eigenthümlich.

So fuhren wir die ganze Nacht lang dahin durch ein Meer von Licht, das seinen anfänglichen schneeweißen, nur wenig in's Eisgrüne übergehenden Schein gegen Mitternacht in einen weiß-gelblichen veränderte.

Diese Erscheinung des weißleuchtenden Schaumes wiederholte sich nur noch Einmal in der folgenden Nacht (von dem 24sten zum 25sten) nach 12 Uhr, aber nicht so lebhaft, wie den 23sten und wurde nachher von uns nicht mehr gesehn.

Wir schifften nun vom 25sten Sept. an noch neun Tage lang durch das indische Meer und kamen erst in der Nacht vom 3ten October, also nach einer Fahrt von elf vollen Tagen und sechs Stunden seit unserer Abfahrt von Point de

Galle auf der Rhede von Aden an. Unser Cours war während dieser Zeit bis nach Aden fast anhaltend West zu Nord, – der Wind war Anfangs West und West-Nord-West und erst seit dem 29sten, als wir uns dem Zwischenraume zwischen Arabien und der Insel Socotora näherten, vorherrschend Süd-Süd-West oder Süd-West, er wurde aber immer schwächer, je näher wir dem Lande kamen, – das Meer immer stiller, spiegelglatter, – das Wetter heitrer, ich möchte sagen egyptischer, – die Wärme aber auch immer drückender. Im rothen Meere war unser Cours bis Suez fast anhaltend Nord-Nord-West, auch herrschten dort nord-westliche, sehr schwache, Winde vor. – Je näher wir der Küste von Arabien kamen, um so mehr verschwanden auch die kleinsten Wölkchen aus der Luft, und der feine Regenschauer am 23sten war die letzte atmosphärische Feuchtigkeit, die wir auf dieser Reise sahen. Von diesem Tage an sah ich in der indischen See, zu Aden, auf dem rothen Meere und in Egypten dreißig Tage lang keinen Regentropfen mehr, kein Wölkchen mehr am stets heitern Himmel und erst am 24sten October, als ich im mittelländischen Meere war, sah ich wieder Wolken, die sich in einer langen Reihe an den Gebirgszügen der Insel Candia, dem alten Kreta, bei übrigens heitrer Luft, gelagert hatten.

Unser Schiff glitt auf dem indischen und rothen Meere so gleichmäßig, so gestadig dahin, daß man, auf der Mitte des Verdeckes sitzend oder stehend, nicht mehr glaubte, sich auf einem schwimmenden Körper zu befinden; das Schiff schien fest zu liegen. – Aber noch nirgends, und am allerwenigsten unter dem Äquator (auf Sumatra, Java), hatte ich eine so drückende Hitze ausgestanden, so ohne alle Erfrischung und Abkühlung, als unter diesen nördlichen Breiten vom 15ten bis zum 30sten Grade auf dem rothen Meere

Nach diesen, meist klimatographischen Bemerkungen, die

ich vorausgeschickt habe, weil sie für die weite Landstrecke von Socotora bis Alexandria von allgemeiner Gültigkeit sind, verfolgen wir unsre Reise und kehren auf unser Schiff zurück.

Wir hatten auf dieser Fahrt seit dem 22sten Sept., an welchem Tage wir Ceylon verließen, um nach Arabien zu schiffen, kein Land mehr erblickt, und bekamen zuerst wieder etwas Festes, Trocknes zu sehen, als am 3ten October, des Mittags um 1 Uhr die Insel Socotora vor uns aus dem Meere auftauchte.

II. Von Arabien bis Alexandrien.

Wir befanden uns der östlichsten Spitze von Socotora um 1½ Uhr am 3ten October gegenüber. Wir fuhren bei west- zu nördlichem Cours an der Nordseite der Insel vorbei, die also zur Linken liegen blieb. Ihre Spitze stieg zackig-ausgesägt aus dem Meere empor, ging dann aber bald in den geraden Saum eines langhingezogenen Bergrückens über, der sich in der Richtung nach Norden wandartig steil herabsenkte. Die obern drei Viertheile dieser steilen nördlichen Böschung waren dunkel- und das untere Viertheil weißlich-, hellgefärbt, doch so, daß sich sowohl von dem obern Theile dunkle Streifen, die das Meeresufer nicht erreichten, herab-, als auch von dem untern Theile weißliche Streifen hinaufzogen, die sich bis zum Saume ausstreckten.

Indem wir zwischen 2 und 3 Uhr näher kamen, entfaltete sich diese verschiedene Beschaffenheit der Insel, die wir anfangs nur der Farbe nach hatten unterscheiden können, immer deutlicher vor unsern Blicken und wir erkannten allmählig, daß der dunkle obere Theil aus nackten Felsmassen und der helle untere nur aus losem Sand bestand. Der erste, der gewiß drei Viertel des Raumes einnahm, war umbragrau, mit einer schwachen rostbräunlichen Nüance und der letzte, der nur ein Viertel des uns sichtbaren Raumes betrug, war weißgrau von Farbe, in's Gelbliche spielend. Alles, was wir sahen, war vollkommen kahl, von aller Vegetation entblößt und hatte in seiner dunkel- und weißgestreiften Färbung, seiner eingerissenen Beschaffenheit, ein sonderbares, ödes, trauriges Ansehn, – mir um so fremder, da ich 13 Jahre lang ununterbrochen in der allerüppigsten Natur geweilt hatte, in einem Lande, wo alle Felsen, wo die Kraterschlünde selbst bewaldet sind! – Hier aber, auf dieser Insel, schien alles organische Leben erstorben zu sein, – todt und starr lag sie da – das Gesicht der W ü s t e blickte uns an.

Der obere Saum der Bergmasse schien ohngefähr 1000 Fuß hoch zu liegen. Er zog sich in einer geraden, ungekerbten Linie hin und senkte sich nach Norden bis auf die halbe Höhe der ganzen Insel oder noch tiefer, steil wie eine Mauer herab. Diese Mauer bildet mehr oder weniger deutliche Vorsprünge und ist offenbar der Bruchrand eines einseitig erhobenen neptunischen Gebirges, dessen parallele, oft horizontale oder nur schwach geneigte, zuweilen auch etwas gebogene Schichtung wir deutlich zu erkennen vermochten. Die Schichten, die von Ost nach West streichen, fallen also wahrscheinlich nach Süden ein, so daß das Gebirge von seinem höchsten Saume an eine nach Süden geneigte Platte bilden wird, ähnlich, wie das Gebirge und eine Küstengegend am rothen Meere, das wir in Fig. 14 abgebildet haben. Obgleich die am meisten vorherrschende Farbe der Felswände graubraun (umbrabraun) ist, so kommen doch auch sowohl große weißliche Flecke, als auch deutlich begränzte parallele weiße Streifen dazwischen vor, die wahrscheinlich Bänke von Kalk oder hellgefärbten Mergeln oder Thonen sind und zwischen den übrigen dunkleren Schichten liegen. Das Eigenthümlichste dieses Landes aber sind die hellgefärbten Sandmassen, welche, durch ihre Bedeckung die Schichten oft ganz unsichtbar machend, an den Felswänden anliegen. Sie entspringen oftmals schon ganz oben am Saume als schmale, hervorstehende Leisten, laufen Stützen gleich herab, werden nach unten zu immer breiter und vereinigen sich zuletzt zu einem großen Ganzen, das als ein weißliches, sanft gesenktes Vorland – dünenartig – und abwechselnd bald nur den fünften, bald den vierten, bald den dritten Theil der gesammten Inselhöhe einnehmend, zwischen dem Meeresufer und dem Fuße der Felswand liegt. Sehr ähnlich sind viele Küstentheile der Halbinsel Sinai gestaltet, wie in [Fig. 13](#) abgebildet ist.

Der einspringende, weiter einwärtsliegende Raum der Felswände läuft demgemäß zwischen den breiter werdenden Sandrippen schmal nach unten zu und davon kommt es, daß man aus der Ferne dunkle Streifen sieht, die nach unten, – und helle, die nach oben schmäler werden. – Beim Anblick dieser ungeheuren Sandmassen, die den Fuß der Mauer bedecken und sich noch, als Leisten, hoch bis zu ihrem Saume hinanziehen, entstand bei mir die Frage: ist dieser Sand angeschwemmt oder a n g e w e h t? – wie können durch Ausspülung von Wasser solche Rippen gebildet werden in einem Lande, wo es fast niemals regnet? – gehört ihre Entstehung einer vorhistorischen – der Diluvialperiode – an? oder kann ihre Bildung der Wirkung des Windes allein zugeschrieben werden?

Da die Nordküste von Socotora im Allgemeinen nach West-Nord-West gerichtet ist und unser Cours West zu Nord war, so kamen wir allmählig näher und vermochten den geschichteten Bau der Insel immer deutlicher zu erkennen. Zuweilen war der obere Theil der Mauer fast ganz aus weißen Felsmassen zusammengesetzt, die deutlich untergeschichtet und hier und da abgebrochen, von vertikalen Spalten durchzogen waren, – die Farbe der Hauptmassen blieb aber bräunlich-grau. Manche Theile der Wände waren in ihrer Kahlheit, in ihrer queren Schichtung, mit Vorsprüngen, worauf Schutt und Sand liegt und in ihren Stützen von Sand, die sich an ihrem Fuße ausbreiten, gewissen K r a t e r m a u e r n Java's so täuschend ähnlich, daß, wären jene kreis- oder halbkreisförmig gewesen, man beide hätte verwechseln können. Und doch ist die Bildung beider gewiß auf eine sehr verschiedene Art vor sich gegangen, jener durch Wasser, dieser durch Feuer, – bei jenen wurde der Sand den Wänden angeschwemmt oder angewsht, bei diesen regnete er herab aus der Luft, nachdem ihn Kraterschlünde ausgespien hatten.

Zwischen 3 und 4 Uhr kamen wir einer Gegend vorbei, wo sich Zwischenräume zwischen den Bergmassen oder Ketten befanden, die also aus verschiedenen Abtheilungen oder Gruppen bestehen. Hier lagen kleine Buchten und wir blickten in das Innere der Insel, nämlich in Thäler und Thalgründe hinein, die sich tief und flach zwischen den Gebirgen hinzogen und die in ihrem gekrümmten Laufe in geheimnißvoller Ferne vor unsern Blicken verschwanden. Wir glaubten auf dem flachen Boden des einen einige Dattelpalmen zu erkennen, übrigens aber waren sie eben so kahl, wie die Bergwände, die sie umgaben. – Nur Einmal (um 3¾ Uhr) meinten wir einige krüppelige Sträucher zu sehen, die sich wie vereinzelte schwärzliche Punkte auf dem hellern Sandgrunde vorthaten. Wir befanden uns nämlich einer flach-convexen Strandgegend gegenüber, die aus Sand aufgebaut war und sich als niedrige Vorterrasse bis zum Fuße einer Bergkette hinzog. Diese Kette war viel höher, als alle zeither gesehenen und hatte auch eine ganz andere äußere Beschaffenheit, sie war kahl wie jene, erhob sich aber viel klüftig-durchfurchter, zackiger, wilder und endete in einem gezähnt-zerrissenen Kamm, – bestand also wahrscheinlich nicht aus geschichteten (neptunischen) Gesteinen, sondern aus plutonischen oder vulkanischen Massen. Von der Sandterrasse, die ihrem Fuße vorgelagert ist, zogen sich an mehren Stellen streifenförmige Partien an der schroffen Bergwand bis zu einer großen Höhe hinan;

diese oft sehr breiten Sandstreifen waren g a n z g l a tt, k a h l, sie waren, wie der übrige Sand hellgefärbt und riefen, – so wie sie da, scharfbegränzt, zwischen dunklern Umgebungen der Felsen lagen, – das Bild von G l e t s c h e r n, die sich von den Jöchen der Alpen herabziehn, lebhaft in unsre Erinnerung zurück.

Um 4 Uhr waren wir einer vorspringenden Landecke bis auf ein Paar englische Meilen nahe gekommen, von hier an aber trat die Küste zurück und bildete eine große weite Bucht, deren jenseitigen (westlichen) Ecken wir uns erst um 7 Uhr gegenüber befanden, als die Dunkelheit der fallenden Nacht schon nicht mehr erlaubte, das Gestade deutlich zu erkennen. Nirgends konnten wir Feuer am Ufer entdecken, so wie wir überhaupt nirgends einige Spuren von Bewohntsein auf dieser nördlichen Seite der Insel, der wir entlang gefahren waren, hatten bemerken können. Doch sollen die innern, des Wassers nicht ganz ermangelnden und nicht ganz von Pflanzenwuchs entblößten Thäler der Insel von einer geringen Anzahl arabischer Familien bewohnt sein.

Was die L i t e r a t u r betrifft, so habe ich über Socotora Nichts finden können, außer ein Paar dürftigen Stellen in C. R i tt e r ' s Erdkunde, nach Nachrichten in J. de B a r r o s Asia. – R i tt e r beklagt sich (a. a. O. I, p. 123) über die so dürftigen Mittheilungen, was diese Gegenden betrifft, obgleich (wie er hinzufügt) „Socotora, wegen des Schutzes vor den Nordwinden, oft das Winterquartier portugiesischer Flotten in diesen Gewässern war." – Die gegenüberliegende Küste von Afrika, von Magadoro an nordwärts bis zum Kap Guardafu, mehr als 100 geographische Meilen weit, wird als „wüst, ohne Menschen und unbekannt" bezeichnet. An einer andern Stelle (Asien IV, 1, p. 443) heißt es: „Schon nach A r r i a n ' s Periplus"

(330 vor Chr.) „ließen sich Fremdlinge aus Indien, nebst Arabern und Griechen, um den Gewürzhandel nach Egypten und Äthiopien zu betreiben, auch Reis, Musselin und Schildkrötenschaalen zu bringen, auf der Insel Dioscorides, d. i. Socotora nieder, die dem promontorium aromatum vorliegt." – „Vasco da Gama fand diese Indier bei seiner ersten Umschiffung Südafrika's zu Melinde, was nicht fern von Socotora liegt, wo er sie Bancani nennt." – „Edrisi (1150) nennt Socotora berühmt durch seine Aloë." (Asien VIII, p. 262, 264.)

Bald war die wüste Insel mit ihren Bergen nur noch ein Schattenriß und verschwand endlich ganz in der Nacht, während wir in der Finsterniß dahin dampften. Die See war unbewegt und das Meerwasser war dunkel, mit Ausnahme einzelner runder Stellen, die einen schwachen Lichtschein von sich gaben und mit Ausnahme von kleinen Körpern, die hier und da mit großer Schnelle, gleichsam zuckend, durch das Wasser fuhren und in schlangenförmigen oder gezackten Linien ein hell leuchtendes Licht verbreiteten. So oft diese Körper, wahrscheinlich Fische, sich bewegten, so oft glaubte man Blitze in der Tiefe des Meeres aufzucken zu sehen und wenn diese Blitze, wie oft geschah, in Millionenzahl auf Einmal aufflammten, so gewährten sie in der That, da Alles umher so dunkel war, ein prachtvolles Schauspiel.

Erst um 11 Uhr wurden zu unsrer Rechten wieder Gestalten sichtbar, die dunkler waren, als der nächtliche Himmel; wir hatten uns der gebirgigen Küste Arabien's genähert, der wir nun entlang fuhren, – einzelne Lichter wurden am Abhange dieses gebirgigen Landes sichtbar, – nachher sahen wir auch Schiffe mit Lichtern und um 12 Uhr des Nachts ließen wir unsre Anker fallen.

Als wir den folgenden Morgen (4ten October) erwachten

und uns auf das Verdeck begaben, bemerkten wir, daß wir auf allen Seiten von Land umgeben waren und uns in einer rundum geschlossenen Bucht befanden. Wir lagen in der westlichen Bai[21] der kleinen Halbinsel Aden, der sogenannten Back-Bai vor Anker.

Ich verweise den Leser in Beziehung auf die folgende Beschreibung von Aden auf die kleine Kartenskizze Fig. 16, die, was die Größenverhältnisse betrifft, freilich nur figurativ ist, die außerdem aber dem Leser über die Positionsverhältnisse von Aden im Allgemeinen und über die Configuration seiner Berge in's Besondere ein getreues, richtiges Bild verschaffen wird.

Die Umgebung dieser geräumigen Meeresbucht war die folgende. Den Eingang in die Bucht sahen wir von unserm Schiff in West zu Nord. – Rechts von diesem Eingange erhob sich eine gebirgige Halbinsel Dschebel Hasan, die wir in West-Nord-West erblickten und die sehr steil zu einem scharfen, rauhen, spitzigausgezackten Kamme emporstieg. Sie soll aus Granit bestehen und zwei Stunden lang sein. Ihre obere felsige Region erschien dunkelgefärbt, umbragrau und ihre unteren Gegenden, die ohne Zweifel aus Sand bestehen, gelblich-hell. Manche ihrer Berggruppen und zackigen Felspartien waren durch geneigte Sandflächen (geglättete Sandgehänge) von einander getrennt. Sie gingen einwärts (rechts) in ein flaches, niedriges Land über, das die Bucht, in der wir lagen, in einem weiten Halbkreise auf der Nord- und Ostseite unsers Schiffes umgab, und stellte sich wie ein in's Meer hinaus- und der Westecke von Aden entgegengeschobenes Vorgebirge dieses flachen Landes dar, das eine Sandwüste zu sein schien, auf der wir nirgends eine Spur von Bergen oder Hügeln bemerken konnten. Die Halbinsel Dschebel Hasan ist demgemäß nur ein isolirt aus dem Sande hervorragender Felskamm. Ihre Lage scheint nord-westwärts in Beziehung zur äußersten Westecke Aden's zu sein.

Je einförmiger, flacher dieses nördliche Ufer der Bai war, desto gebirgiger stellt sich das Südufer derselben, nämlich die Nordseite der Halbinsel Aden dar, der wir, in einer kleinen Einbiegung der Bai, so nahe lagen, daß wir den Menschen, die auf dem Lande waren, zurufen konnten. – Hier erhoben sich in frappanter Nähe die Gebirgsketten und stiegen kühn und steil zu den schwindlichsten Höhen empor. Sie schlossen unsere Aussicht von Ost bis West-Nord-West und endigten sich dort jener zuerst genannten Halbinsel gegenüber in die westlichste Felsecke von Aden: Ras Marbut, doch so, daß zwischen beiden ein geräumiger Kanal übrig bleibt, der Eingang in diese für sehr sicher gehaltene Bucht.

Besser als eine Beschreibung wird vielleicht die von mir entworfene Ansicht (obgleich sie nur eine flüchtige Skizze ist,) im Stande sein, den Leser mit der Physiognomie dieser Berge bekannt zu machen. Er wird dadurch zugleich ein Bild erhalten von dem landschaftlichen Charakter des westlichen Theils vom Südgestade Arabien's überhaupt, wovon diese Berge nur ein kleiner, den übrigen vollkommen ähnlicher Theil sind. Man werfe daher einen Blick auf [Fig. 17](#).

Fig. 17.   Lith. Anst. v. J. G. Bach, Leipzig.

Hier wird das Auge zuerst getroffen durch den Anblick eines Gebäudes, das die Aufmerksamkeit um so mehr auf sich zieht, weil es fast das einzige ist, das man in dieser wüsten Gegend gewahr wird. Wir sahen es von Bord unsres Schiffes in Süd-Süd-Ost. – Einsam liegt das Häuschen da am Gestade, in der stillen Bucht, die muldenförmig nach innen ansteigt, – halbversteckt zwischen den Bergen, die sich schroff und kühn auf allen Seiten emporthürmen. Ihre Wände steigen glatt, nur von oben nach unten von kleinen parallelen Furchen durchzogen, steil wie eine Mauer empor und endigen sich hoch oben in einen Kamm, der den Thalbewohnern den Anblick des Himmelslichtes noch lange nach dessen Aufgange verbirgt und lange, finstere Schatten in die Klüfte wirft. Der Saum hat eine eingerissene, höckrige, gekerbte Beschaffenheit, hebt und senkt sich in den wildesten, regellosesten Formen und malt sich in schroffen Umrissen, zackig-durchklüftet, wie eine Säge am Blau des Himmels ab. Hinter den vordern Bergzügen, die lauter schmale, an ihren Seiten wandartig steile Jöche sind, thürmen sich in der Ferne noch höhere Jöche, noch wüster und rauher als die vorigen empor, – aber, so unbesteigbar sie dem Auge erscheinen, so verkündet doch ein hoch in die Lüfte hingepflanztes Signal, – ein für die christliche Menschheit so bedeutungsvolles Zeichen, – ein K r e u z, das von der höchsten Zacke des höchsten Joches „Schamshan" herab auf die Rhede blickt, daß menschliche Wißbegierde sich auch zu diesen unwirthbaren Höhen einen Zugang verschaffte. – Die Meereshöhe dieses Punktes soll 1660 par. Fuß betragen.

Nur auf dem unmittelbar an's Meer gränzenden Saume des schmalen Gestades bemerkt man sandige Stellen, die wie jene sandigen Theile der zuerst genannten kleinen Halbinsel gelblich hellgefärbt sind. Alles andere bis hoch hinauf auf die Firsten der Berge liegt in einer einförmigen, düstern Schminke da, nämlich in einer s c h w ä r z l i c h e n, g r a u - b r a u n e n (umbrabraunen) Farbe, die nirgends von einer verschiedenen Nüance abgewechselt wird und die den unwirthbaren, gleichsam bangen, furchteinflößenden Anblick der Gegend noch düstrer macht. – Vergebens sucht das Auge nach einem Baume, vergebens nach einem Strauche; kein Grashalm, kein einziges grünes Fleckchen ist weit und breit zu entdecken. Dunkel, umbragrau düstert Alles umher. Nur nackte, kahle Felswände, wohin er sich wendet, blicken den Reisenden an und die furchtbar zerrissene Zackenform der Bergkämme blickt drohend auf ihn nieder. Sähe man das Häuschen nicht, das dort aus seiner stillen Bucht im Kesselthale freundlich hervorblickt, – wäre der blaue, heimathliche Himmel nicht, der über diesem Gebirgschaos herablächelt, so könnte man glauben, sich auf einem fremden, verwüsteten Planeten zu befinden.

Wenigstens in mir brachte der Anblick Aden's den

Eindruck hervor, der ich solche eingerissene Bergform, – solch' öde Wüstennatur zum ersten Mal anschaute. – Alles vegetabilische Leben schien von hier verbannt zu sein und Nichts war vorhanden, was mich an die reiche Pflanzenwelt von Java, in deren Wäldern ich so viele Jahre lang geweilt hatte, hätte erinnern können. Ich befand mich hier in einer Natur, die jener in s c h r o ff e m Contraste gegenüber stand. Nur e i n Wesen zeigte sich, das mich an Java erinnerte, als wenn es mich auf der Reise von dort hierher begleitet hätte, – ein thierisches Geschöpf nämlich, – ein Vogel. Falco pondicerianus flog, hier wie dort, in Kreisen um das Schiff.

Da der Führer unsres Schiffes bekannt gemacht hatte, daß wir wegen einiger kleinen wünschenswerthen Reparaturen und des nothwendigen Einnehmens eines neuen Vorraths von Steinkohlen, nicht vor 8 Uhr des folgenden Morgens weiter reisen würden, so begab ich mich, um von diesem Aufenthalte so viel als möglich Nutzen zu ziehen, den 4ten October früh an's Land, um den heutigen Tag nebst dem folgenden Morgen zum Durchstreifen der Halbinsel in verschiedenen Richtungen und zu geologischen Untersuchungen derselben zu benutzen. Weil man überall natürliche und oft sehr schöne Entblößungen der Felsen findet, so war der geologische Theil der Untersuchungen leicht, und stand in gar keinem Verhältniß zu den Schwierigkeiten, die sich der Erforschung vom innern Bau des Landes auf Java entgegenstellen.

Ich begab mich in dem Kahne eines Somali[22] (eines Abyssiniers aus dem Arabien südwärts gegenüberliegenden Lande Somali), der schöne Gesichtszüge, aber dünne Waden hatte, an's nahe Land und wanderte, nur mit einem tüchtigen geologischen Hammer und einigen Thermometern bewaffnet, über die schmale Strandfläche hin, dem Hotel zu, das in geringer Entfernung von der Küste im hintern Theile der Sandfläche lag, da, wo diese anfängt, sich schon etwas zu erheben, um in die muldenförmigen Thalgründe zwischen den Bergjöchen emporzusteigen.

Dutzende von arabischen Buben drängten sich zu mir heran und wollten durchaus nicht erlauben, daß ich zu Fuß ginge, zumal da ein jeder einen gesattelten Esel am Zaume führte. Sie priesen die guten Eigenschaften und den ruhigen Gang ihrer Thiere um die Wette und waren so besorgt um meine Bequemlichkeit, – obgleich das Hotel kaum 200 Fuß weit von uns entfernt lag, – daß ich mich bald zwischen lauter Eseln eingeklemmt sah und meine Thermometer Gefahr liefen, zu brechen. Erst nachdem ich mit einem von ihnen (zum Behufe eines Ausflugs in die Insel) für ein Paar Gulden einen wechselseitigen Contract geschlossen hatte, zogen die übrigen – (Esel) ab.

Westwärts vom Hotel, dem Meere zunächst, lehnen sich die großen Kohlenmagazine dem Fuße der Berge an, nämlich viereckige offene Räume, in denen die Kohlen hoch auf einander gestapelt sind. Sonst sieht man hier Nichts von Menschenhand Gemachtes. Ich nahm mein Absteigequartier im Hotel, das, wenn ich nicht irre, außer dem Speisesaale 30 luftige, mehr oder weniger geräumige Zimmer enthält. Es ist nur zum Theil aus Stein erbaut, dem größern Theile nach aus Bambus, Schilf und Dattelblättern zusammengezimmert und wird von einem Parsen gehalten. Außer den sehr willkommenen, periodischen Gästen, die mit den Landmailschiffen kommen und deren Zahl nicht groß ist, wird es noch von vielen unwillkommenen, stationären Gästen, nämlich Ratten bewohnt. Die Tafel (für die erstern) war weniger gut besetzt, als dies an Bord der Fall war, denn da Aden selbst nicht das Geringste producirt, so müssen alle Lebensmittel theils mit Schiffen, theils auf Kameelen aus fern gelegenen Gegenden hier angeführt werden. – Mein erster

Ausflug galt dem von hier entferntesten, östlichsten Theile der Halbinsel, wo sich, ein Stündchen Wegs von hier, die auf alten Ruinen wieder neu errichtete Stadt befindet. Da noch viele andere Passagiere vom Schiff dieselbe Absicht hatten, die Stadt zu besuchen, so waren die vielen Esel, deren leitende Nebengeister vor dem Hotel ungeduldig auf angenehme Befrachtung harrten, binnen Kurzem alle besetzt. Wir bedauerten einige schöne, zarte Damen, die so gütig waren, uns ihre Gesellschaft zu schenken und die ebenfalls mit diesem langgeöhrten Transportmittel vorlieb nehmen mußten, dem einzigen nämlich, das man außer seinen eigenen Füßen hier haben konnte. Die Sättel auf den in Arabien sehr geehrten Thieren waren ungemein hoch, aber sehr lose angeschnallt und wackelten unerbaulich hin und her. Sobald unsere Karavane vollständig beritten oder besser gesagt beeselt war, zogen wir auf der neuen Straße, welche die Engländer auf dem schmalen Raume zwischen dem Meere und dem Fuße der Berge angelegt und oft durch hervorragende Felsecken hindurchgehauen haben, dahin und umschrieben einen weiten Halbkreis rund um den Fuß des Gebirges, erst nach Nord-Ost, dann nach Ost und endlich nach Süd. – Ein jeder Esel hatte einen leitenden Geist oder Maschinist, der, mit einem tüchtigen Stocke in der Hand, hinter ihm herging. Wenn nun die vierfüßigen Unterthanen zuweilen etwas schläfrig wurden und „Eile mit Weile" in Ausübung brachten, so schlugen die zweibeinigen Maschinisten auf's Locomotiv hinten auf, das dann gewöhnlich einen vertikalen Sprung mit den Hinterbeinen machte, während es mit den Vorderbeinen plötzlich stille stund. Die Reiter wippten dann, oder richtiger, w u r d e n in die Höhe gewippt, einen halben bis einen Fuß hoch, und wurden dadurch wider Willen an die Erdbeben erinnert, die ohne Zweifel einmal an diesen Felsen gerüttelt und geschüttelt und eben dadurch die Gebirge so zerstückelt hatten, wie sie jetzt sind. Man konnte solchen vertikalen

Stößen um so weniger widerstehen, je unerwarteter sie kamen und die Folge davon war, daß manche schlechten Reiter herabplumpsten in den Sand und – mit Ausnahme der schönen Reiterinnen, die bei diesen Exercitien „das Unterste zu oberst" jederzeit viele Beweise der zärtlichsten Theilnahme empfingen, – von den Übrigen ausgelacht wurden. Manche blieben, wenn sie durch solche Stöße das Gleichgewicht verloren hatten, auf der Seite schweben und Andre, die sich an den Sattel hatten fest halten wollen, der sich aber nach den Gesetzen der Schwere herumdrehte, kamen unter den Bauch der Esel zu hängen, die dann, durch diese verkehrte Art zu reiten, außer Fassung gebracht, wie vom Teufel besessen davon galoppirten. Die Nebengeister der Esel liefen dann, unter einem lauten Halloh, was sie laufen konnten, hinter drein, das arme Opfer, das in einer so „schwebenden Pein" hing und das vielleicht schon an das tragische Schicksal eines M a z e p p a dachte, schrie, was es schreien konnte und – die Andern lachten. Doch lief die Pilgerfahrt glücklicher Weise ohne Halsbrechen und ohne andre Beschwerden, als Hitze, Sand- und Staubwolken ab.

Erst von da an, wo sich die Straße am Ostfuße eines Joches ganz nach Süd-Ost und Süd gedreht hat, fängt sie an, am Gebirge hinanzusteigen und nähert sich immer mehr einer schmalen, tief durch den Kamm eines Joches hindurchgehauenen Kluft. Die Bergwand, welche sich hier zur Rechten, nämlich auf der W e s tseite des Weges erhebt und welche in der Richtung nach Osten in die, hier geschlossene[23] Bai herabschaut, ehe man jene Kluft erreicht hat, zeichnet sich durch eine Menge großer Löcher, oder b u c h t a r t i g e r H ö h l u n g e n aus, die nicht deutlich in Reihen liegen, sondern ziemlich regellos an der Wand zerstreut vorkommen. Sie ähneln den Aushöhlungen, die an manchen Küsten durch die Brandung des Meeres weniger ein Baum, Alles war kahl und wüst, – man sah nur Sand, Gebirgsschutt oder nackten Fels. Die Bewohner, deren Anzahl, außer der Garnison und einigen europäischen und armenischen Kaufleuten, auf 7000 angegeben wurde, bestehn aus Abyssiniern (Somali), Juden, und hauptsächlich aus Arabern, welche alle drei verschiedene Abtheilungen der Stadt bewohnen. Die meisten Häuser waren niedrig, nur aus Bambusrohr, Schilf, aus dem Holze und den Blättern der Dattelpalme aufgerichtet, auch mit den Blättern dieser Palme, mit Schilf und Matten gedeckt, und oben platt; nur wenige, worin vorzugsweise Juden wohnten, waren, doch nur roh, von Stein gebaut. Ich sah nur wenige bessere und zweistöckige Gebäude, in denen englische, armenische und chinesische Kaufleute wohnten; die übrigen waren niedrig, unregelmäßig und die Straßen zwischen ihnen schmutzig. Hier lag Kehricht in Haufen umher, dort standen getrocknete Fische zu Kauf, hier wurden Kuchen in Öl gebacken, dort standen Körbe voll Datteln, die zum Theil schon halb in Gährung übergegangen waren, zur Schau, – und, außer dem Geruche, den diese Herrlichkeiten aushauchten, sorgten die Myriaden von Fliegen, die davon angelockt, in den engen Gassen herumschwirrten, dafür, daß die Reisenden daselbst nicht länger, als nöthig war, verweilten.

Wir besahen einige von den gegrabenen tiefen Brunnen, die in großer Anzahl im Umfange des Thalkessels, am Fuße der Berge, besonders auf der West- und Süd-Westseite liegen, da, wo diese Berge am höchsten sind. Die meisten waren in Gereibsel- (Conglomerat-) und Tuffmassen, wenige in compakten Fels ausgegraben und 30–40 Fuß tief. Sie liefern ein vorzügliches Trinkwasser, das übrigens auch das einzige Wasser ist, welches die Bewohner der Halbinsel besitzen. Nachdem wir die Stadt durchkreuzt und einige Erfrischungen zu uns genommen hatten, trennte ich mich von meinen Begleitern und machte nun Ausflüge zu Fuß in verschiedenen Richtungen durch die Gebirge, während jene auf ihren Eseln in's Hotel am Ufer der Back-Bai zurückkehrten. Ich will jedoch die Beobachtungen, die ich über die topographischen und geologischen Verhältnisse Aden's auf diesem, so wie auf spätern Zügen machte, welche ich an diesem Tage durch die östlichen und mittlern, und am folgenden Morgen vom Hotel aus durch die westlichen Gegenden der Insel unternahm, in ein gedrängtes Bild zusammenfassen.

Alle Berge, die ich sah, hatten aus einiger Ferne erblickt, überall dasselbe schwärzlich-grau-braune (umbrabraune) Kolorit und waren überall gleich nackt, ohne eine Spur von Verwitterungskrusten, ohne den geringsten Anflug von Flechten. Sie waren gewöhnlich vom Fuße an, bis zur Hälfte ihrer Höhe in Schutthalden (Gebirgsschutt, Gereibsel) verborgen, ja die weniger steilen Gehänge waren bis zu drei Viertel der Höhe hinan mit Gereibsel überstreuet, so daß nur die obersten Jöche als compaktes, nicht zertrümmertes Gestein hervortraten. Ihrer Gestalt nach waren es sehr schmale, aber lang hingezogene Ketten oder große Rippen, die sehr steile, oft mauerartige Seitenwände hatten und sich oben in einen noch schmälern, meistens ganz scharf zulaufenden, höckrigen, gekerbten, oder scharf eingerissenen, ja oft auf das Wunderbarste ausgezackten und spitzgezähnelten Kamm (Firste, Gräte) endeten. Sie stellten sich dar als auf das Gewaltsamste zerrissen und zerklüftet und strebten ungemein kühn und zackig-rauh empor. Die Firsten der meisten sind gewiß unübersteiglich und unbeklimmbar.

Was die Lage und Verbindung dieser Jöche betrifft, so streicht ein höchstes, centrales Joch, das die Araber Dschebel (Berg) Schamshan nennen, von West-

Nord-West nach Ost-Süd-Ost durch die Halbinsel und von diesem Hauptjoche laufen Querzweige oder Seitenrippen, die übrigens eben so gestaltet und in der ersten Hälfte ihrer Erstreckung nicht viel weniger hoch sind, nach dem Meere aus, indem sie sich allmählig tiefer senken. Ihre Anzahl nimmt durch Spaltung, durch das Auftreten neuer Schluchten zwischen ihnen nach der Meeresküste hin zu, und so entsteht ein merkwürdiges, auf den ersten Anblick labyrinthisches Gegitter von schroffen Bergleisten und engen Schluchten zwischen ihnen, von denen die meisten in ihrem Grunde eben so schmal sind, wie die Bergrippen auf ihrer Firste. Nur einige von diesen Schluchten haben einen mehr muldenförmig-gerundeten Grund und breiten sich in ihrer untersten Gegend zu kleinen Sandflächen aus, die vorn an's Meer gränzen und kleine sandige Buchten zwischen den Bergrippen bilden. Die größte und fast kreisförmig gestaltete dieser Buchten ist das Kesselthal, worin die Stadt Aden liegt, begränzt auf der Süd- und Westseite durch die auslaufenden Rippen des Dschebel Schamshan und auf der Nordseite durch ein kleineres Joch, das auch weniger hoch ist, aber mit einer Rippe des Schamshan auf der Nord-Westseite des Thales ununterbrochen zusammenhängt. Über die Kerbe, den tiefsten Punkt zwischen beiden führt der uns bekannte Paß. Auf der Ostseite, der Insel Sira gegenüber, steht die Bucht offen und senkt sich steil zum Meere herab, auf ihrer Westseite aber erheben sich die höchsten Zacken des Schamshan, die man auch von der Back-Bai aus sehen kann (s. † auf [Fig. 17](#)). So bilden Jöche und Nebenjöche (mit Zwischenklüften) die ganze Halbinsel. Viele ragen mit ihren Enden, die sich steil hinabsenken, oft weit in's Meer hinaus und bestimmen dadurch die elliptische, in vielen Zacken vorspringende Form von Aden's Küstensaume. Der größte Durchmesser der Halbinsel von Ost-Süd-Ost nach West-Nord-West beträgt ohngefähr 1½ Stunden. Die höchste

Spitze des Schamshan soll 1660 Fuß hoch sein.

In einer Richtung, die der Streichungslinie des Hauptjoches von West-Nord-West nach Ost-Süd-Ost fast entgegengesetzt ist, nämlich in Nord-Ost, ist die Halbinsel mit dem Festlande von Arabien durch einen schmalen Isthmus verbunden, der, wie das angränzende Festland selbst, ganz niedrig, flach, sandig ist und nur aus zertrümmerten Korallen und Muscheln besteht. Wäre dieser Isthmus nicht, so würde das Gebirge von Aden eine vollkommen isolirte Berginselsein.

Die steilen Abstürze, welche die meisten Rippen seewärts bilden, bieten dem Geologen schöne Entblößungen an. Ich habe deren besonders auf der Nord- und Nord-Westseite untersucht. Wegen der Kahlheit und dem Mangel bedeckender Erdschichten bietet aber auch das Innere der Halbinsel, in den Thalklüften, an den steilen, mauerartigen Gehängen der Jöche (da, wo diese in keinen Schuttmassen, Felsbruchstücken verborgen sind) fast überall eine reiche Gelegenheit dar, die geologische Structur zu erkennen.

Ich habe keine andern Gesteine, als Lava-Arten, nämlich trachytische, doleritische, basaltische Gesteine, nebst Trümmerbildungen derselben Steinart (Conglomerate) und Tuffe gefunden. Die Halbinsel ist also ganz vulkanisch zusammengesetzt und die Trümmerbildungen, die theils Gluthbrezzien, theils unter Wasser abgesetzte oder als Schlamm geströmte Gereibsel- und Tuffbänke sind, nehmen keinen geringen Antheil an dieser Zusammensetzung. Am massigsten kommt trachytisches Gestein vor in den mittlern Jöchen der Halbinsel, wo es leistenartig, oben schmäler werdend, als mächtiges Ganggestein emporragt. Die trachytischen sowohl, als die basaltischen Laven, welche man findet, sind bald dicht, bald mit wenigen, aber großen Blasenräumen versehen und diese sind bald leer, bald mit

Kalkspath, Quarz, selbst Gypsspath ausgefüllt und verwandeln die Felsart alsdann in einen vulkanischen Mandelstein, bald sind sie ganz bimssteinartig porös. – Was zu Aden meine Aufmerksamkeit am meisten auf sich zog, da ich es auf Java zwar häufig in neptunischen Gebirgen, aber nie in v u l k a n i s c h e n Bergen gesehen habe, waren vertikale, bald gerade, bald im Zickzack verlaufende Gesteingänge, welche durch die übrigen Massen von Nord-Ost nach Süd-West hindurchsetzten, also fast in einer queren Richtung zur Hauptstreichungslinie des Schamshan verliefen. Sie bestanden bald aus trachytischem, porphyrähnlichem Gestein, bald aus Lava von einer mehr dichten, basaltischen Beschaffenheit und ragten hier und da, gewöhnlich aus losem Material (Reibungsconglomerat) als gewaltige Felsmauern oder Kämme hervor; ich bin daher geneigt, zu glauben, daß jene steil ansteigenden, oben zackig-geendeten Trachytleisten oder Rippen der Halbinsel auch weiter nichts, als solche, sehr massive, vertikale Gesteingänge sind. – Mehr im U m f a n g e der Halbinsel, also am F u ß e der Rippen, besonders auf der West-Nord-Westseite kommen ähnliche Steinarten in mehr ausgebreiteter, plattenartiger Form vor, nämlich als Lavabänke, die parallel über einander liegen und bald gleichmäßig nach außen, nach dem Meere zu geneigt, übrigens platt, bald gewölbeartig gebogen sind, in welchem letztern Falle dann ihr vertikaler Durchschnitt (die senkrechte Wand, die sie an der Küste bilden), ein zwiebelartiges Ansehn erhält. Die schönsten Entblößungen dieser bankförmig über einander gelagerten Gesteinmassen sah ich am Ufer der Back-Bai, besonders auf der Nord-Westseite der Halbinsel, in der Nähe des Eingangs in die Bai. Hier haben sie eine Mächtigkeit bald nur von 3, bald von 15 Fuß und wechseln sehr oft mit lockern Gereibsel-(Conglomerat-) und Tuffschichten ab, zum Beweise, daß sie 1) wie die spaltenfallenden Gänge und Bergleisten selbst, zu verschiedenen Malen und in verschiedenen Perioden, aber alle in tertiären oder vortertiären, nicht in historischen Zeiten **unter dem Meere** gebildet, theils als submarine Lavaströme ergossen, theils aus dem Wasser, als Trümmer-, Schlamm- und Tuffbildungen abgesetzt wurden, 2) daß sie eine ältere geschichtete (in Bänke gesonderte) Bildung sind, als jene vertikalen, meist trachytischen Gesteingänge, von denen sie durchbrochen und mit emporgehoben wurden. – Die meisten bankförmigen Gesteine, die ich sah, bestanden aus schwärzlicher, basaltischer Lava.

An manchen Stellen war diese Lava dünnschiefrig, abgesondert, in den mehrsten Gegenden aber in parallele Unterabtheilungen (Unterbänke) getheilt; diese waren zuweilen in verschiedenen Richtungen halbkreisförmig gebogen, – an manchen Stellen, wo das Gereibsel unter diesen Bögen fehlte, wo es weggewaschen oder weggekrümelt war, bildeten sie überhängende Buchten oder Gewölbe, unter denen Grotten übrig blieben, geräumig genug, um eine Anzahl Menschen zu befassen. An einigen Stellen liefen die Biegungen der plattenförmigen Abtheilungen dieser Lava sogar ganz **kreisförmig zusammen** und bildeten dann eine **ausgezeichnet-kuglige, concentrisch-schaalige Absonderung**. An vielen Stellen war diese Lava in allen möglichen, oft queren Richtungen, sowohl von dünnen Adern, als auch dickern Massen von **Gypsspath** durchzogen; auch fand ich Gereibselmassen, Steintrümmer, die durch dieses Mineral hier und da brezzienartig zusammengebacken waren.

Ihre so ungemein zerrissene, zackig-zerstückelte Beschaffenheit hat die Halbinsel wahrscheinlich erhalten durch die Wirkung der Meeresfluthen, so lange sie noch unter dem Meere lag, aus dem sie **allmählig**, in häufig wiederholten absatzweisen Hebungen emporstieg. Dadurch mußten die Conglomeratbildungen, die zwischen den senkrechten Gesteingängen lagen, da wo sie nicht von plattenförmig ausgebreiteten Lavamassen bedeckt und dadurch vor den Wogen geschützt waren, besonders leicht zerstört werden und dadurch wurde vielleicht die große Tiefe der Schluchten und die schroff hervorragende Leistenform der Berge zwischen ihnen bedingt oder vermehrt. In den Gegenden der Halbinsel, wo der innere Bau des Landes aus der vorhin bezeichneten bankförmigen (platten oder gebogenen) Absonderung besteht, was besonders im äußern Umfange der Insel der Fall ist, da ist die äußere Form der Berge flach oder wulstig, man sieht gleichmäßigere und sanfter gesenkte Gehänge. Auf dem verflachten Scheitel eines solchen Bergwulstes im west-nordwestlichsten Ende der Halbinsel haben die Briten ein kleines Fort erbaut, das dem Eingange in die Back-Bai, den es beherrscht, gegenüber liegt. Man kann dieses Fort auf einem bequemen, neu angelegten Wege besuchen, der vom Hotel, dem Landungsplatze aus, in entgegengesetzter Richtung, als jener zur Stadt führende, nämlich nach West leitet. Er läuft hart am Fuße der Berge zwischen diesem und dem Meere hin und schmiegt sich allen Unebenheiten der Küste an, die bald in Zacken hervorragt, bald in kleinen sandigen Buchten einspringt. Nach einer halbstündigen Erstreckung vom Hotel steigt er, um das Fort zu erreichen, hinan am Berggehänge, auf welchem sich die englischen Offiziere aus Holz, Bambus, Schilf und Dattelpalmblättern mehre luftige Wohnungen erbaut haben. Selbst kleine Gärtchen für Blumen und Gemüse haben sie versucht, in der Umgebung ihrer Schilfhäuser anzulegen und haben die fruchtbare Erde, die dazu nöthig war, Tagereisen weit aus entfernten Gegenden Arabiens kommen lassen. Denn der steinige Boden ist auf der ganzen Halbinsel überall so vollkommen nackt, daß man nirgends die Spur einer Verwitterungskruste findet und nicht einmal den Thallus einer Flechte auf den Felsen antrifft. – Doch habe ich auf meinen Ausflügen eine Anzahl kleiner Sträucher und Halbsträucher gefunden, für deren besondere Organisation dieser Boden gedeihlich scheint und die wild in losem Sande oder in Felsspalten wuchsen. Sie waren nicht höher wie ½-2, höchstens 3 Fuß hoch und bestanden aus 6 verschiedenen Arten, worunter ich eine stachelige Acacia, – eine halbstrauchartige Reseda, – Capparis spinosa, – und eine Euphorbia erkannte.

In den Bergschluchten sollen sich viele Füchse von grauer Farbe und selbst einzelne Hyänen aufhalten. Ich habe von thierischen Bewohnern außer einem Raubvogel (Falco pondicerianus) nur Ratten und zahme Esel gesehen.

Es schien mir nicht unwichtig, einige Beweisstücke über das vom geologischen Baue Aden's Mitgetheilte zu besitzen. Zu diesem Behufe schlug ich von den verschiedenen Felsarten Stücke ab, von denen ich jedoch nur eine Anzahl der am meisten bezeichnenden, vorherrschenden und auch von diesen nur kleine Exemplare habe mitbringen können.[25] Diese habe ich unter den folgenden Bezeichnungen und Nummern im naturhistorischen Museum zu Leyden deponirt.

Aden Nr. 1. Ein porphyrartiges Gestein. Eine gleichförmige Felsitgrundmasse, die nur dem bewaffneten Auge sehr feinkörnig erscheint, eben von Bruch, blaßröthlich von Farbe, enthält vereinzelte, matte, wenig glänzende Feldspathkrystalle, die dem bloßen Auge wie unregelmäßige, eine Linie große weiße Flecke erscheinen, nebst vielen, kleinen, durch die ganze Gesteinmasse zerstreuten Magneteisentheilchen, die aber nur zum Theil mit der Loupe in Gestalt sehr kleiner Körnchen, auch kleiner Adern sichtbar sind. In noch kleinern, kaum mit der Loupe sichtbaren Theilchen kommt Eisenkies darin vor. Die ganze Gesteinmasse funkt zum Theil am Stahl. – Von einem der senkrechten Gesteingänge, im nord-östlichen Theile der Insel, unweit vom befestigten Thore auf dem Rande des Kesselthals. – Aden Nr. 2 Eine braunrothe Lava-Art. Eine dem bloßen Auge gleichförmige, nur unter der Loupe feinkörnige Grundmasse enthält vereinzelte glasige Feldspathkrystalle und ist von vielen engen Blasenräumen durchzogen, aber fest und compact, weil die Gesteinmasse zwischen den Poren viel dichter ist, als diese weit sind. – Von Rippen des Schamshan. – Aden Nr. 3. Graues, im Bruche blättrig-splittriges, gleichförmiges, dichtes, mehr phonolith- als trachytartiges Felsitgestein, hier und da mit einem vereinzelten Ryakolithkrystall, oft in Platten brechend. – Dieses, so wie alle Gesteine Aden's sind sehr unscheinbar. – Aden Nr. 4. Dem vorigen gleichendes, nur noch dichteres, schwärzliches, basaltisches Gestein; in plattenförmige Stücke brechend, und auf den Absonderungsflächen mit dünnen Lagen von dichtem schwefelsaurem Kalk (Gyps) überzogen. Diese letztere Substanz ist nebst kohlensaurem Kalk für Aden sehr bezeichnend und kommt nicht nur in dieser, sondern in allen Felsarten der Halbinsel in Menge vor. Beinahe alle diese Felsen sind nämlich von vielen, meist sehr gedrängten, feinen, dem bloßen Auge oft gar nicht sichtbaren Rissen (Absonderungsspalten) durchzogen, und diese Risse sind mit papierdünnen oder höchstens eine Viertellinie dicken Schichten theils von kohlensaurem, meistens aber von schwefelsaurem Kalk erfüllt, der sich in Gestalt dünner Blättchen leicht vom Gestein ablösen läßt. In Folge von diesen (zum Theil mit Kalk ausgefüllten) vielen Rissen schilfern die Felsen außerordentlich leicht ab, es lösen sich Theile von ihrer Oberfläche und die Schutthalden am Fuße der Felswände werden größer. – Aden Nr. 5. Poröse Lava, die ihrer Structur nach der Nr. 2 vollkommen gleich, nur grau von Farbe ist. – Aden Nr. 6. Schwarze, von sehr kleinen, zahlreichen Blasenräumen durchzogene, ganz poröse, aber harte, feste und schwere Lava. – A d e n N r. 7. Dergleichen mit viel größern Blasenräumen durchzogene Lava. – A d e n N r. 8. Dergleichen Lava mit sehr großen, weniger gedrängten, nach e i n e r horizontalen Richtung verlängerten Blasenräumen. – Nr. 6, 7 und 8 gehen durch Zwischenformen in einander über und bestehn aus einem und demselben, gleichförmigen, basaltischen Lavateige, in welchem auch das bewaffnete Auge fast keine Bestandtheile zu erkennen vermag. – Im nord-westlichen Theile der Insel, am Ufer der Back-Bai. – A d e n N r. 9. Hellgraue, fast weißliche, mit Alaun durchdrungene, unter der Loupe körnige Feldspathmasse, mit vielen kleinen, unregelmäßigen, zersetzten Hornblendekörnern, ohne Magneteisen. Es ist ein bröckliges, fast sandsteinartiges, innig mit Alaun durchdrungenes, von Gewicht schweres Agglomerat von Feldspath- und zersetzten Hornblendekrystallen. – A d e n N r. 10 a und b. Mehr oder weniger gebleichte Feldspathlaven, die wahrscheinlich lange Zeit der Einwirkung saurer Dämpfe bloßgestellt waren. a. Mit sehr vielen kleinen Krystallen von Magneteisen; viele von diesen sind sehr klein, nur unter der Loupe sichtbar und bilden hier und da auf den Absonderungsflächen ganze Anflüge, die dem bloßen Auge nur als schwarze, pulverige Flecke erscheinen. – Dieses Gestein giebt sich zu erkennen als identisch mit Nr. 1, nur in etwas verändertem, gebleichtem Zustande. –

Schwefelbeschlag ist selten. b. Ohne Magneteisen; aus Feldspath und Quarzkörnern mit veränderter zersetzter Hornblende bestehend, innig und stark mit Alaun durchdrungen, ungleichförmig, körnig, gesprickelt, oft gestreift. Schwefelbeschlag hier und da. – A d e n N r. 11. Rothbraune, gleichförmige, dichte Felsitgrundmasse, hier und da mit einem Schwefelanflug und auf den Absonderungsflächen des zerspaltenen Gesteins mit dünnen, lamellenartigen, leicht abschilfernden Überzügen von kohlensaurem Kalk. An einigen Stellen befindet sich in dieser Felsart eine ½–2 Linie dicke Schicht von Thoneisenstein, die sich als eine gerade hindurchlaufende schwarze Ader darstellt. – A d e n N r . 1 2 . Eine tuff- und brezzienartige Lava. Sie besteht aus dünnen, lamellenartigen, parallelen, horizontal hingezogenen, oft auch wellenförmig gebogenen S t r e i f e n einer feinkörnigen, schwärzlich-grauen Lava, die von einander getrennt sind durch eine Zwischensubstanz von weniger hartem, heller gefärbtem, gelblich-grauem Tuff, – und erscheint dadurch in horizontaler Richtung abwechselnd hell und dunkel gestreift. – War diese merkwürdige Lava ein vulkanischer, glühender Schlammstrom, durch den sich wirkliche geschmolzene Gesteinmassen hindurchzogen, ergossen unter sehr starkem Druck? – In den nordwestlichen Gegenden, am Ufer der Back-Bai. – A d e n N r . 1 3 . Quarz und Chalcedon. Kommt bald an der Oberfläche in ¼–1 Zoll dicken Überzügen, oft traubig gestaltet, bald im Innern der Laven, die Blasenräume und Spalten derselben ausfüllend, vor. – A d e n N r . 1 4 . Gypsspath. (Blättriger schwefelsaurer Kalk. Marienglas.) Bald die Spalten und Blasenräume der Laven füllend, bald die Felsmassen in ½–2 Zoll dicken Adern durchsetzend. – Ufer des nord-westlichen Theiles der Insel an der Back-Bai.

Was die Literatur über Aden betrifft, so sind die Hauptwerke unter den neuern Schriften nach C a r l R i t t e r die folgenden: R. F o r s t e r , Short Topographical Description of the Cape of Aden; mit einer Karte; (in den Proceedings of the Bombay Geogr. Soc. May 1839. 8.) – Capt. S. B. H a i n e s (welcher damals Gouverneur von Aden war) Memoir of the South and East Coasts of Arab. (im Journ. of the Lond. Royal Geogr. Soc. 1839. vol. IX). – F r . B u r r, Sketch of the Geology of Aden (in Transact. of the Geolog. Soc. of London, Sec. Ser. vol. VI. P. 2. London, 1842). – J. P. Malcolmson, Account of Aden (im Journ. of the Roy. Asiat. Soc. of. Gr. Britain. and Ireland. London, 1845, Nr. XVI, p. 1).

Außer den ältern Werken seit der Römer Zeiten und außer mehr vereinzelten Berichten bei neuern Reisenden, sind es besonders die hier angegebenen Schriften, aus denen Carl Ritter geschöpft hat. Seine Arbeit über Bab el Mandeb, Aden u. s. w. (Erdkunde XII, p. 664–707) ist so gründlich und umfassend, daß wenigstens für unsern Zweck kein erneuertes Studium der Quellen nöthig schien. Auch konnte ich mir nur die Abhandlung von Burr und Malcolmson verschaffen, die ich nachlas. Es sei mir daher erlaubt, nach diesen beiden Autoren und nach der allgemeinen Bearbeitung von Ritter Dasjenige hier einzuschalten, was ich in der kurzen Zeit eines Tages nicht selbst erfahren oder nicht selbst beobachten konnte.

Die Stadt Aden (auf der Ostseite der Halbinsel) war schon in den ältesten Zeiten als ein berühmter Seehafen und Handelsstapelplatz bekannt. Sie kommt unter dem Namen Athana bei Plinius vor, – Madoce bei Ptolemäus, und ist der Hafenort Arabia felix des Periplus. Sie wurde wahrscheinlich schon bei der Salomon'schen Ophirfahrt besucht 670 vor Chr. und auf der Periplusfahrt (des Pseudo-Arrian) 330 v. Chr. – Unter Kaiser Constantinus in der Mitte des 4ten Jahrhunderts nach Chr. wurde eine Kirche zu Aden gebaut, und außer den Römern besuchten indische und chinesische Kaufleute häufig den berühmten Ort. – Edrisi erwähnt ihrer in 1150. Als Marco Polo in 1293 und Ebn Batuta in 1328 sich daselbst befanden, war sie noch der große, berühmte Markt für arabische Pferde und indische Gewürze. Im J. 1513 war Aden noch sehr blühend und so fest, daß

Albuquerque mit seiner Flotte auf die Eroberung derselben Verzicht leisten mußte. In 1538 aber wurde Aden von den Türken unter Suleiman I. erobert und von Türken bewohnt und beherrscht bis 1630. – Theils durch diese Türkenherrschaft, – theils durch die veränderte Richtung des indischen Handels rund um die Südspitze von Afrika, – theils auch durch die geringe Civilisation und die Raubsucht der arabischen Stämme, welche sich in 1705 von Jemen losrissen und sich unter eignen, unabhängigen Sultanen in Besitz von Aden setzten, versank das alte Emporium immer mehr in Ruin; sein Reichthum und Glanz verschwand dermaßen, daß in 1839 die ganze Halbinsel nur noch 1000 Einwohner hatte, lauter arme Araber, die in elenden Hütten wohnten.

Die Denkmäler, welche die verschiedenen frühern Bewohner Aden's seit den Zeiten von Constantinus im Jahre 350 nach Chr. und noch mehr seit der Türkenherrschaft von 1538 bis 1630 hinterlassen hatten, fielen immer mehr in Schutt. Zu diesen Ruinen gehören unter andern eine kolossale Wasserleitung aus Backsteinen, die über den Isthmus drei Stunden weit in's Innere von Arabien führt, zu einem nun auch versiegten Brunnen; – ferner das Mausoleum des Sheikh Idris, – große in Fels gehauene oder gemauerte Wasserbehälter und eine Menge sehr tiefer Brunnenschächte in den Umgebungen der Stadt, – Mauern von Gebäuden, – Kunststraßen, – Treppen, – Grabmäler, Befestigungswerke u. s. w.

In 1839 unterhandelten die Engländer über die Abtretung der Halbinsel mit dem damaligen Sultan des Abd-Ali-Stammes, zu dessen Herrschaft sie gehörte und der sieben Stunden nord-westwärts von Aden in der Binnenstadt Lahedsch (oder Ladsch) residirte; da dieser Sultan aber die geschlossenen Contracte treulos brach, so wurde Aden mit

Gewalt der Waffen eingenommen. – Nicht nur als Station für die Dampfschiffe der sogenannten Landmail zwischen Indien und Egypten, sondern auch als Festung, – als zweites Gibraltar, – in der Nähe des Eingangs zum rothen Meere und Hafen und Stapelplatz überhaupt zwischen Indien und Arabien, dessen Kaffeeausfuhr [Seite 100] man hoffen durfte, von Mochha allmählig hierher zu ziehen, war sein Besitz für die Engländer von Wichtigkeit. – Seit der Zeit nun hat die Halbinsel eine gänzliche und schnelle Umgestaltung erlitten, – kolossale Festungswerke sind gleichsam aus den Felsen herausgewachsen, – die Eintausend halbzerlumpten Einwohner sind schon auf 20,000 gestiegen, worunter 12–13,000 Araber, 3½ Tausend Truppen und die übrigen fremde Nationen, – die Brunnen sind wieder aufgeräumt worden, – eine Menge Gebäude, Hotel's, Kasernen sind errichtet, und so hat Aden allerdings die Aussicht, binnen noch einigen Jahren zu seinem alten Glanze nicht nur wiedergekehrt zu sein, sondern diesen noch zu übertreffen. Bis jetzt kostet es aber den Engländern jährlich 90,000 Pfund, ohne etwas aufzubringen.

Erst seit dieser Zeit (1839) ist Aden besonders durch die Arbeiten vom Capitain Ingenieur R. Forster und dem Arzte Malcolmson, was seine topographischen und physikalischen Verhältnisse betrifft, genauer bekannt geworden. – Die Stadt liegt unter 12° 46' nördl. Br. und 45° 10' östl. Länge von Greenwich und die höchste Zacke des Schamshan erhebt sich nach Messungen von Haines 1666 par. Fuß hoch.

Was das Klima dieses Landes betrifft, so theilen die genannten Beobachter das Folgende darüber mit, dem ich einige von mir selbst gemachte Beobachtungen hinzufügen will.

Der heiße oder Süd-West-Musson herrscht von April

bis October. Der Wind, der sich aber durchgehends des Nachts legt, treibt oft Staubwolken von den Bergen herab und in diesen steigt die Hitze auf 104° Fahrh. Oft wehen auch stürmische Nordwinde, die wegen der großen Hitze und den Staubwolken, die sie anbringen, eine der Hauptplagen für die Bewohner Aden's sind.

Der kalte oder Nord-Ost-Musson herrscht von October bis März. Während dieser weht, ist die Luft feucht und die Felswände schwitzen alsdann, nach Malcolmson, häufig „alkalische Salze" aus. Dies scheint ein Irrthum zu sein. Ich habe außer Alaun keine Spur von im Wasser auflöslichen Salzen in Aden finden können, wohl aber sehr häufig Kalkerde, die in dünnen Überzügen auf den Absonderungsflächen, die meistens nur papierdünnen Risse der Felsen ausfüllend, vorkam. Es war in den meisten Fällen schwefelsaurer Kalk (Gyps), zuweilen aber auch kohlensaurer Kalk, der hier und da, in den Blasenräumen und größern Spalten der Felsen, auch in reichlichern Massen auftrat.[26]

Doch fallen nur zuweilen in November, Januar und Februar Regenschauer von kurzer Dauer. Das ganze übrige Jahr hindurch ist die Luft trocken und der Himmel sehr heiter. In den kalten Monaten beträgt nach Malcolmson die größte Wärme über Tag und die größte Abkühlung des Nachts 86 und 64° Fahrh. Während meines Aufenthaltes war in der Bucht, wo das Hotel steht, die Differenz zwischen Tag- und Nachttemperatur noch größer und betrug 29 Grade; am 4ten October nämlich des Mittags zwischen 2 und 3 Uhr war die Wärme im Schatten 95 und am 5ten des Morgens kurz vor Sonnenaufgang 66° Fahrh. – Diese große Abkühlung des Nachts, die gewöhnlich, so trocken auch die Luft sein mag, wenn es windstille ist, starken Thau zur Folge hat, war für das Gefühl empfindlicher, als die Hitze des

Mittags und brachte Frösteln hervor. Auch blieb das Badewasser, das aus einem gegrabenen Brunnen hinter dem Gebäude geschöpft wurde und seines bittern Geschmackes wegen, vielleicht weil es Sulphas Magnesiae aufgelöst enthielt, untrinkbar war, bis in die [Seite 102] Mittagsstunden empfindlich kühl. Daß übrigens die organische Empfänglichkeit für Wärme (das Gefühl derselben) ein sehr betrügerischer Thermometer ist, leuchtete mir sehr deutlich zu Aden ein; denn die 95 Grade Luftwärme, die ich hier in dieser trockenen, arabischen Luft athmete, kamen mir weniger drückend, weniger heiß vor, wie die **feuchte** Luft zu Batavia, wenn diese auch nur 84 oder 82° warm ward.

So wie es nur höchst selten regnet, so ist auch kein Bach, keine Pfütze, kein Tropfen Wasser auf der Oberfläche der Halbinsel zu finden. Nur in künstlich gegrabenen Brunnen (cylindrischen Brunnenschächten), deren mittlere Tiefe 40 Fuß beträgt, sammelt sich ein nicht nur trinkbares, sondern auch vortreffliches Wasser an. Solche, an ihrer obern Öffnung mit einer niedrigen Mauer umgebene Brunnen findet man im Kesselthale und dessen Umgebungen 350 an der Zahl. Von diesen sind die meisten **alte**, schon in einer frühern Zeit, von frühern Bewohnern Aden's gegrabene Brunnen, welche von den Briten seit 1839 nur wieder aufgeräumt wurden. Sie liegen sämmtlich am Fuße der hohen Bergjöche und sind, wie ich gesehen habe, mehr in Gereibsel-, als in compakten Felsmassen ausgegraben. Ihren Reichthum an Wasser, der das ganze Jahr hindurch unveränderlich ist, doch nie über ein gewisses Niveau in den Brunnen steigt, hält Malcolmson in einem so trockenen Lande, wie dieses, nur durch Zufluß in unterirdischen, heberförmigen Gängen aus dem gebirgigen Innern Arabien's und durch hydrostatischen Druck für erklärbar, auf gleiche Art, wie die Bildung artesischer

Brunnen möglich ist. Ohne die Anwesenheit dieses Brunnenwassers würde Aden unbewohnbar sein, denn die gegrabenen Schächte in den Strandgegenden liefern nur Brakwasser.

Ich lasse die Hypothese von Tagereisen weitem, unterirdischem Zufluß dahin gestellt sein und bemerke nur Folgendes.

[Seite 103] Da über Tag die Hitze sehr groß ist, so steigen aus dem Meere, das die Halbinsel auf allen Seiten umfluthet, viele Dünste auf, da aber die Abkühlung des Nachts wieder desto stärker ist und oft einen Unterschied von 30° mit dem Maximum der Tageswärme bildet, so fällt jede Nacht ein starker Thau, der durch die Gereibselmassen, die einen großen Theil der Halbinsel bilden und die durch die zerspaltenen Felsen hindurchsickern und sich in d e r Tiefe, in welcher er auf u n durchklüftete Felslagen stößt, zu Wasser anhäufen muß. Dazu kommt noch, daß, nach M a l c o l m s o n ' s eignem Bericht, die Luft von October bis März, während des Nord-Ost-Musson's, feucht ist, daß die Berggipfel alsdann oft in Wolken gehüllt sind, ja, daß es in den Monaten November, Januar und Februar zuweilen regnet. – Es entsteht nun die Frage, ob diese atmosphärische Feuchtigkeit, die in einer Ausdehnung von 1½ Stunden lang und ¾ Stunden oder mehr breit, auf zum Theil 1660 Fuß hohen Gebirgen niedergeschlagen wird, allein nicht hinreichend geachtet werden kann, um jene Brunnen, die in dem tiefsten Innern der Insel, – dem Kesselthale – liegen, mit Wasser zu speisen? – und ob sich das stets gleiche Niveau dieser Brunnen nicht sehr natürlich erkläre dadurch, daß sie, o b e r h a l b einer undurchdringlichen Felssohle, etwa einer Lavabank (bis auf welche sie reichen), alle mit einander in Verbindung stehen, weil sie sich in einem lockern Sand- und Gereibselboden befinden, der vom Wasser wie ein Sieb durchdringbar ist? –

Was den geologischen Bau von Aden betrifft, so stimmen über die Zusammensetzung der Insel aus vulkanischen Gesteinen die Beobachtungen der englischen Forscher mit den meinigen überein. – Das Kesselthal aber, worin die Stadt liegt, wird von ihnen ein erloschener Krater und die ganze Halbinsel ein ehemaliger, submariner Vulkan [Seite 104] genannt, – eine Ansicht, womit ich mich nicht vereinigen kann. Jener Thalgrund hat allerdings eine Trog- oder Kesselform und die Gehänge, die ihn umringen, sind an vielen Seiten, besonders auf der Westseite, wandartig steil; aber 1) bilden die Bergjöche, denen diese Wände angehören, nach außen zu, auf ihrer vom Kesselthale abgewendeten Seite eben so steile Wände; 2) andre, vom Thale entfernte Jöche auf Aden sind eben so steil und mauerartig; 3) nicht nur die benachbarte kleine Halbinsel Hasan, die dem Eingange der Back-Bai gegenüber liegt, sondern auch manche Bergjöche auf der Insel Socotora und fast alle Bergketten, die ich auf den Küsten von Arabien gesehen habe, haben vollkommen dieselbe schmale, auf ihrem Kamme ausgezackt-zerrissene und an den Seiten wandartig steile Form, wodurch man sie als plutonisch-vulkanische Gebilde, die gangförmig aus der Erde stiegen, auf den ersten Blick von den Flötz- oder geschichteten Gebirgsmassen unterscheiden kann. Jene bilden aufrecht stehende zackige Kämme, diese liegende Bänke oder Schollen. Man vergleiche die Figuren 11, 12, 15 und 16 mit 13 und 14, auf welchen dieser Unterschied in die Augen fällt. 4) Die Inseln des rothen Meeres, die ganz in der Nähe liegen und die bestimmt Vulkane sind, haben eine ganz andere, kegelförmige und geglättete Gestalt. Siehe Fig. 7, 8, 9 und 10. 5) In andern Welttheilen habe ich freilich keine Krater gesehen, aber auf Java und Sumatra ein halbes Hundert. So groß die Verschiedenheit dieser auch ist, man möge nun einige davon als Erhebungs- oder, wie ich thue, alle als Ausbruchskrater betrachten, so stimmen sie doch sämmtlich darin überein, daß die Gesteinschichten, bald feste Lava, bald lockere Gereibselmassen, aus denen ihre Umgebung besteht, von allen Seiten her nach einem idealen Mittelpunkte zu ansteigen und sich dann plötzlich endigen und eben dadurch den Krater, nämlich die Kreismauer [Seite 103] des Kesselthales bilden, das man Krater nennt. Die abgebrochenen Köpfe erkennt man dann an der Mauer als quere, parallele, oft treppenartig vorspringende Streifen oder Bänder. Von einer solchen Bauart habe ich an den Wänden, welche das Kesselthal von Aden umringen, keine Spur gesehen. Ich sah nur leistenförmige Bergkämme, Jöche, die, als senkrecht emporgestiegene Gebirgsgänge, von beiden Seiten steil sind, die sich hier und da gitterartig verzweigen und durch ihre Aneinanderreihung unter andern ein trogförmiges Thal – das Thal von Aden – umschließen.

Auch hat Malcolmson wohl nicht daran gedacht, daß seine Hypothese über den Zufluß des Wassers auf unterirdischen Wegen aus den Tagereisen weit entfernten Gebirgen Jemen's oder Hadhramaut's, um die Brunnen im Kesselthale mit Wasser zu versehen, eine Unmöglichkeit sein würde, wenn der Grund, worauf die Stadt Aden steht, der Kraterboden eines ehemaligen Vulkans wäre!

Ich erkletterte am 5ten früh, um Abschied von der wüsten Halbinsel zu nehmen, noch eines ihrer höchsten Jöche. Ich übersah von dort den größten Theil der Gebirge in ihrer ganzen schauderhaften Wildheit. Übrigens, so imposant sie sich auch darstellten, so sind sie in der That doch nur winzig klein in Vergleich mit den Dimensionen der meisten Berge auf den Sunda-Inseln und es schien mir, daß es der gänzliche Mangel von höhern Bergen in der Umgegend, nebst der völligen Abwesenheit von Bäumen (also jeden

Maßstabes zur Beurtheilung) war, der ihre Höhe Eindruck weckend machte. Denn wenn man nur 12 Rasamalabäume[27] von Java an den steilen Wänden übereinander stellte, so würde der oberste von diesen schon höher sein, als die höchste Zacke des Schamshan. Ja, so respectabel die Gebirgsmasse zwischen den beiden Meeresbusen in Ost und West aussah, [Seite 106] so wahr ist es doch, daß man die ganze Halbinsel Aden, mit Allem, was sie trägt, in manche von den Kratern Java's, z. B. in den Kratern des Berges Raon oder des Těnggěr bequem würde hineinstecken und darin verbergen können, ohne daß auch nur die Spitze ihres höchsten Gipfels Schamshan daraus hervorragte! – Hat doch der Boden des Kraters vom Gunung-Těnggěr auf Java eine geograph. Meile im Durchmesser und ist von einer 1000–1700 Fuß hohen Ringmauer umzogen, – und ist der des Gunung-Raon doch über 2000 Fuß tief,[28] während der größte Durchmesser der Halbinsel Aden von Ost-Süd-Ost nach West-Nord-West nach F o r s t e r nur 1–1½ Stunden beträgt! –

Ich sagte der wüsten Halbinsel Lebewohl und zwar gern; denn neben ihr stiegen jene herrlichen Gebirge Java's in meiner Phantasie empor, als wollten sie fragen, wo in der Welt findet man eine so großartige und doch so wunderschöne, grünende und ewig blühende Natur, als bei uns? – Die Antwort war: vielleicht nirgends, h i e r aber den Gegensatz.

Wir lichteten am 5ten October des Morgens um 8 Uhr die Anker, richteten unsern Cours nach West-Süd-West und dampften zwischen der Westspitze von Aden (Ras Marbut), auf welcher jenes detachirte Fort steht, in Süden und der gebirgigen Halbinsel (Dschebel Hasan) in Norden, zum Eingange der Back-Bai hinaus. Wir ließen dieses Halbinsel-Gebirge also zur Rechten liegen und erblickten bald darauf, weiter westwärts, noch ein ähnliches, aber kleineres felsiges Vorgebirge (Ras Amran), das sich eben so isolirt aus flachen, sandigen Umgebungen [Seite 107] erhob und sahen dann, indem wir in einem Abstande von drei bis vier englischen Meilen der Küste Arabien's entlang fuhren, nichts, wie das f a l b e Kolorit eines niedrigen, flachen Sandgestades, dessen Einförmigkeit wir nur um 1½ Uhr durch einige isolirte Hügel unterbrochen fanden, die nur an ihren Gipfeln dunkler, als der Sand gefärbt waren, wahrscheinlich weil nur diese aus den bedeckenden Sandmassen hervorragten. Dann kam wieder flaches Sandland, das jedoch etwas höher lag, als die vorige Sandebene und etwa, wie uns schien, 50 Fuß hoch liegen mochte, – und erst um 2 Uhr, zur Zeit, als wir unsern west-süd-westlichen Cours in west-halb-nördlichen veränderten, stellten sich auf der Küste, die stets auf unsrer (rechten) Nordseite liegen blieb, wieder Gebirge unsern Blicken dar. Es waren langgezogene Felsenketten, Dschebel Khoran u. A., von derselben umbragrauen Farbe und demselben zackig-rauhen Saume, wie alle, die wir bis jetzt auf Socotora und in Arabien gesehen hatten. Hinter den vordern, küstennächsten Zügen erhoben sich noch mehre höhere Ketten, die, immer blässer werdend, tiefer im Innern des Landes lagen, sich jedoch nicht sehr weit von der Küste zu entfernen schienen, mit welcher sie alle parallel, von Ost nach West strichen.

Dieser Theil Arabien's ist also keine fl a c h e Wüste, kein einförmiges Flachland, sondern ein gestaltenreiches Land mit Gebirgszügen und mehr oder weniger hohen Zwischenthälern und Zwischenflächen, ein Land, das, hätte es vegetabilisches Leben, zu den schönsten gehören könnte; – aber, so wie es daliegt, von aller Dammerde, von allem Pflanzenwuchse entblößt, in den Gebirgen nur nackter Fels und in den Ebenen nur nackter Sand, von keinem Grashalm geschmückt, kann man es nur eine traurige Einöde nennen.

Wenn man nach den Ursachen der Kahlheit des Landes [Seite 108] und der Trockenheit der ewig heitern Luft forscht, – nach zwei Erscheinungen, die ohne Zweifel einen gegenseitigen Einfluß auf einander ausüben, so entsteht die Frage, welche von beiden ist die Ursache der andern, welche war die e r s t vorhandene Erscheinung und welche ist die Folge, die Wirkung von dieser? – eine Frage, die nur auf den ersten Blick schwer zu beantworten scheint, übrigens der Lösung fähig ist. Denn, w e n n der Boden mit fruchtbaren Erdschichten und Wäldern, die auf diesem ruhn, bedeckt wäre, so könnte die Luft so trocken nicht sein, es würden sich Wolken bilden, Regen würde fallen, und Bäche würden das Land durchströmen; – und w e n n jeden Tag erquickende Regen in die Sandwüsten von Arabien und Afrika herabfielen, so würde der nackte Sand und Fels bald verwittern und sich allmählig mit Wäldern schmücken. – Also muß die Nacktheit des Bodens die zuerst vorhandene Erscheinung gewesen sein, obgleich es nicht zu verkennen ist, daß die d a d u r c h   e i n m a l   b e d i n g t e Trockenheit der Luft den Boden, vielleicht noch für Tausende von Jahren, – verurtheilt, in dem Zustande, worin er ist, zu verbleiben.

Da man selbst in den Wüsten Egypten's fossile Baumstämme von großer Dicke, also den Beweis des ehemaligen Vorhandenseins von Wäldern findet, so ist es offenbar, daß diese Gegenden von Arabien und Afrika erst durch irgend eine Naturrevolution ihrer Pflanzendecke beraubt und in Sandwüsten verwandelt wurden, deren Erhitzung nun, durch aufsteigende vertikale Luftströme, alles vorüberziehende Gewölk verscheucht.

Um 3 Uhr traten in weiterer Entfernung von diesen Küstenketten innere, tiefer im Lande gelegene Ketten hervor, – die Küstenkette aber endigte sich und das zunächst an's Meer gränzende Land wurde nun wieder eine flache Sandwüste, die mehre englische Meilen breit zu sein schien und die in manchen [Seite 109] Gegenden mit einzelnen dunkeln Tüpfelchen besetzt war. Ob dies Sträucher waren? – Um 4 Uhr aber, – während wir fortwährend an der Küste hin nach West dampften, – erhob sich wieder ein niedriger, auf seinem Kamme, wie gewöhnlich, ausgezackter Bergzug, der der Küste näher lag und etwa nur eine englische Meile von ihr entfernt sein mochte, und hinter dem vordern blieben, wie seit 2 Uhr der Fall gewesen war, die innern Züge sichtbar in doppelten, ja drei- und vierfachen Reihen, die alle von Ost nach West strichen. Erst der fallende Abend entzog uns den wechselnden Anblick dieser abgebrochenen, am Gestade bald verschwindenden, bald wieder auftretenden, doch im Innern stets sichtbar bleibenden, uns also bald näher, bald ferner liegenden, gleichsam alternirenden Parallelketten.

Wir sahen Nichts vom letzten, westlichsten Kap und Gebirge der Südküste Arabien's, eben so wenig, als von der Insel Perim, die in der Straße liegt, – denn wir dampften im Dunkeln durch den so berüchtigten Eingang in's rothe Meer, den unser Schiffsführer übrigens doch nicht für so sehr gefährlich halten mochte, da er es wagte, mitten in der Nacht durch „das Thor der Trauer", durch „die Pforte der Gefahr" Bab el Mandeb[29] zu schiffen! – Kaum die näher liegenden Küstenberge und Inseln vermochten wir als schwarze Schattenrisse zu erkennen. – Auch von der Stadt Mochha, an der wir vorbeikamen, sahen wir Nichts. –

Als am folgenden Morgen (6ten October) der Tag zu grauen anfing, lag die gebirgige Küste Arabien's zu unsrer Rechten, ostwärts von uns, in undeutlicher Ferne, – links aber, in Westen, lagen in großer Nähe eine Menge großer, kleiner und sehr kleiner, meist kegelförmiger Inseln, die „Harnish [Seite 110] Islands",[30] deren meisten wir schon vorbeigesegelt waren, da wir sie hinter uns erblickten. Wir dampften nach Norden.

Kurz vor 7 Uhr befanden wir uns dem südlichen Ende einer größern Insel, Dschebel Zoogur (جبل لفور), unter 14° n. Br. gegenüber, die zu unsrer Linken liegen blieb (s. Fig. 7). – Wir brauchten mehr als eine halbe Stunde Zeit, um an der östlichen Seite der Insel vorbei zu dampfen. Ihre Länge konnte mehr als eine Stunde betragen. Sie war mäßig hoch und unterschied sich von allen Gebirgen, die wir auf dem Festlande von Arabien, so wie auf Socotora gesehen hatten, durch ihren zwar ungleich hohen, aber nicht ausgezackten Saum und durch die auffallend glatte Oberfläche ihrer Böschung, die sich auch ungleich sanfter, als die der Bergketten auf Aden herabsenkte. Übrigens war ihre umbragraue Farbe dieselbe, wie die der früher gesehenen Berge und war nur an einzelnen Stellen mit etwas Bräunlich-roth oder mit einem hellern Grau nüancirt. Nur vereinzelt in einigen Gegenden des Strandes bemerkt man gelbliche, falbe Sandstreifen. – Sie mußte offenbar ein Vulkan sein und die Gleichmäßigkeit ihrer Seitengehänge durch Überschütten mit Sand oder Überströmen mit Lava erhalten haben. Ein kleiner Kegel erhob sich auf ihrem linken Saume; er war glatt und dunkler gefärbt, als der Abhang, der sich vor ihm hinzog; außerdem aber sahen wir noch einen andern stumpf-abgestutzten, konischen Hügel, der mitten auf dem Gehänge der Berginsel auftauchte und der nebst dem vorigen nichts Andres, als ein seitlich aufgeworfener Eruptionskegel sein kann. [Seite 111] Man sah, wie die Lava- oder Trümmerströme vom höher gelegenen Rande der Insel herab- und so recht um diesen Kegel herumgeflossen waren (vergleiche Fig. 7). Vegetation konnten wir nirgends entdecken.

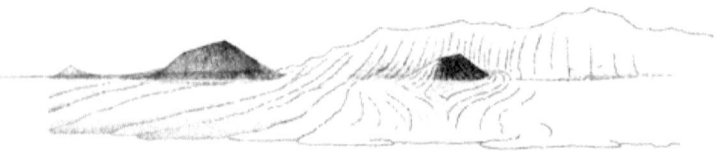

Fig. 7.

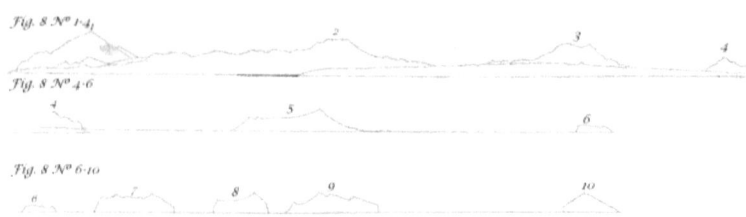

Fig. 8.

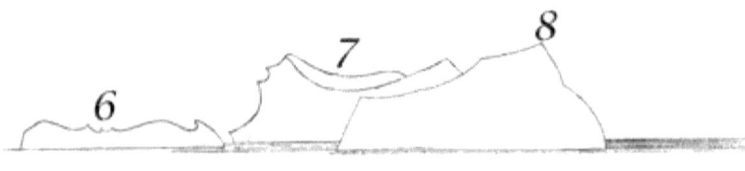

Fig. 9.

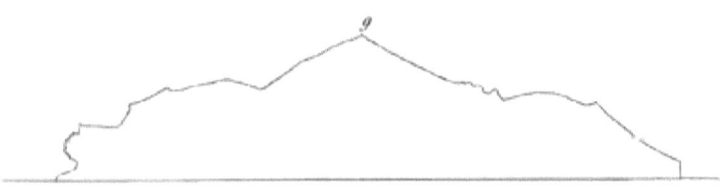

Fig. 10.

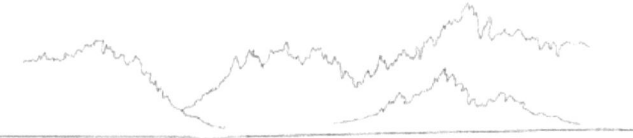

Fig. 11.

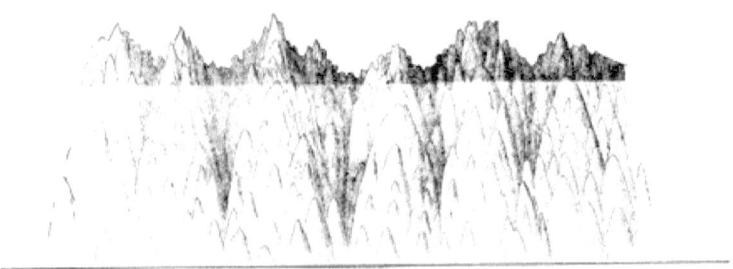

Fig. 12.

Fig. 13.

Fig. 14.

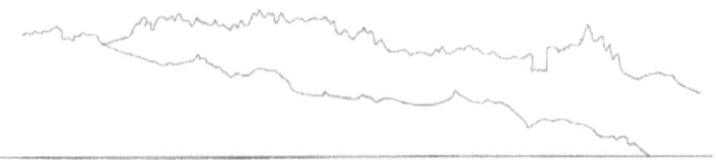

Fig. 15.

Fig. 16.

Am Nordende dieser größern lagen vier kleinere Inseln. Eine „High Island" direkt in Norden und drei neben einander „Aboo Eyle Islands" (auf der oben genannten Karte) in Nord-Ost derselben. – Diesen letztern kamen wir um 7½ Uhr so nahe vorbei, daß wir einen Stein darauf hätten werfen können. Es waren kolossale Felsen, die ohne eine Spur von Strand, mit mauerartigen Wänden, s e n k r e c h t aus dem Meere emporstiegen und sich oben in eine quer-abgestutzte Plattform endigten. Sie waren vollkommen kahl. Ihre Farbe war, abweichend von allen zeither gesehenen Bergen und Inseln, ein gelbliches W e i ß, das besonders auf ihrem Scheitel vorherrschte und sich von da an den Wänden herabzog, wo es mit einem hellen, gelblich-röthlichen B r a u n melirt war. Hier und da ging das Weiß in eine dunkle Schattirung über, etwa so, als wenn es angeraucht und von Kohlendampf geschwärzt worden wäre. – So gewährten diese Felsen, die wie Thürme, wie alte Schlösser da im Wasser standen, mit der weißen Farbe ihrer obern Gegenden, besonders ihrer Scheitelflächen, einen sonderbaren Anblick, boten uns aber auch zu gleicher Zeit die Erklärung ihrer bleichen Schminke an. Denn, auf dem Weiß der Felsen malten sich die Gestalten von einer großen Menge schwarzer Seevögel ab, die nur auf der untern Fläche der Flügel, dem Bauche und dem Schnabel weiß gefärbt waren und die das Gestein, worauf sie nisteten, ohne Zweifel durch ihren Koth so weiß übertüncht hatten. Hunderttausende dieser Vögel saßen auf den Inseln oder flogen um sie herum und ungeheure Schwärme derselben umflatterten auch unser Schiff, das, schnell dahin brausend, seine Rauchsäule an den Felswänden streifen ließ. –

Seit dieser Zeit, 7½ Uhr, sahen wir bis in den Nachmittag kein Land und fuhren durch einen Theil des rothen Meeres, wo im Bereiche unsres Gesichtskreises keine Inseln lagen.

Erst um 3 Uhr erschienen vorn, vor unserm Schiff, in der Ferne wieder Gestalten von Land, die aus dem Meere auftauchten und diese Gestalten waren von der Art, daß sie meine Aufmerksamkeit in hohem Maße erweckten. Es waren inselförmige Vulkane, deren Anblick mir um so willkommner war, je sehnlicher ich wünschte, auch einige Vulkane in andern Weltgegenden kennen zu lernen, nachdem ich deren auf der Insel Java so viele untersucht hatte.

Ich legte daher Bleistift und Papier zurecht, um beim Näherkommen sie alle abzeichnen zu können. Die Profilzeichnungen, die ich davon entwarf, theile ich dem Leser mit und glaube dies mit der Versicherung thun zu können, daß ungeachtet des beweglichen Standpunktes, auf dem Schiffe, von wo aus sie genommen werden mußten, diese Profile, mit einiger Übung, s c h n e l l, – ehe die Berge dem vorbeieilenden Schiffe wieder eine andre Seite zukehren und dadurch ihre Form verändern konnten, – gemacht, in ihren Umrissen getreu und genau sind. Wir fuhren mit nord-nord-westlichem Cours an ihrer Ostseite vorbei, die Inseln also blieben zu unsrer Linken liegen. Das erste Profil, Fig. 8, wurde um 3½ Uhr gezeichnet, als der Kegel Nr. 1 west-süd-westwärts von uns lag und die übrigen Kegel und Felsinseln Nr. 2 bis Nr. 10, West bis Nord-West von unserm Schiffe, die Lage und den Abstand von einander hatten, welche ich auf der Figur dargestellt habe. Man sieht daher von Nr. 1 die Ost-Nord-Ost- und von den folgenden die Ost-, Ost-Süd-Ost- und Süd-Ostseiten. – Wahrscheinlich ist [Seite 113] Nr. 1 eine kleine, abgesonderte Insel auf der Süd-Westseite der größern Sebair-Inseln, – Zebayer Islands, (زبر) auf M o r e s b y ' s Karte, – welcher letztern die Kegel 2, 3 u. 4 angehören. Den Namen von 5 konnte ich nicht erfahren. Nr. 6, 7, 8 und 9 aber sind ohne Zweifel die Gruppe von Inseln, welche auf der genannten Karte unter den Namen Low-, Saddle-, Table- und Rugged-Insel verzeichnet stehn, und der Table-peak ist wahrscheinlich unser 8, – Rugged-Island unser 9 – Haycock-Island unser 10. – Sie liegen unter 15° 1' bis 15° 10' nördl. Breite, der arabischen Küste viel näher, als der egyptischen. – Diejenigen Leser, welche in vulkanischen Ländern nicht unbekannt sind, werden hier auf den ersten Blick erkennen, daß die kleinen Kegel, welche man auf Fig. 8 erblickt und wovon einige isolirte Inseln für sich selbst bilden, während andre sich zu zwei oder drei in eine gemeinschaftliche Insel zusammenschaaren, daß diese Kegel echte Vulkane wenn auch zum Theil nur die aus dem Meere hervorragenden obersten Spitzen oder Kraterränder von größern, unter dem Wasser verborgenen, vulkanischen Kegeln sind.

Sie unterscheiden sich von den Vulkanen Java's durch die schnurgeraden, wie mit einem Lineale hingezogenen Linien ihrer Umrisse (die Linien, welche das Profil ihrer körperlichen Gestalt ausdrücken), – durch die scharfen Ecken, worin diese Linien, z. B. die Linie des abgestutzten Gipfels und die Seitenlinien zusammenlaufen und durch die glatte Beschaffenheit ihrer Gehänge, an denen sich von der Hälfte ihrer Höhe an nur ganz kleine, feine Furchen herabziehn, während die Gipfel vollkommen glatt sind. – Eigenthümlich ist die schiefe Gipfellinie von Nr. 1 und Nr. 10 auf [Fig. 8](#) und von Nr. 9 auf [Fig. 10](#), die man dennoch durch den geringen Grad ihrer Neigung deutlich vom eigentlichen Gehänge, das unter einem größern Winkel fällt, unterscheiden kann, – und eigenthümlich geformt ist auch der Fuß dieser Kegel. Denn nachdem sich das Gehänge derselben anfangs mäßig steil und gleichmäßig bis nahe an's Meer herabzog, so endigt es sich in einer gewissen, doch nicht bedeutenden Höhe über dem Meeresspiegel plötzlich und stürzt sich von diesem Punkte an, indem es glatte Mauern bildet, völlig senkrecht hinab. Nirgends sieht man an den Seitengehängen der Kegel hervortretende Rippen, noch Zwischenklüfte (sogenannte Baranko's) zwischen solchen Rippen. In dieser Regelmäßigkeit, ich möchte sagen, geometrischen Schärfe oder Bestimmtheit ihrer Form, die das Resultat ist von allein herrschenden und hier nicht, wie auf Java, durch die Wirkung von Regenwasser gestörten vulkanischen Kräften, bieten sie einen höchst merkwürdigen – scharfeckigen – Anblick dar, der durch die gänzliche Abwesenheit von Pflanzenwuchs noch bizarrer wird. Sie machen uns mit der reinen, nackten Form vulkanischer Ausbruchskegel bekannt, so wie sich diese durch Überströmen von Lava oder Überschütten mit Sand, von einem Mittelpunkt aus, gestalten müssen, da, wo die ausspülende, furchende und mannichfach umgestaltende Kraft des Regenwassers fehlt. – Im Kolorit unterscheiden sie sich nicht von den früher gesehenen Bergen Arabien's, sie sind, wie diese, umbragrau, öde und kahl. – Es ist offenbar, daß die queren oder schiefen Gipfellinien der Kegel Nr. 1, 2 und 3 die Ränder von eben so vielen Kratern sind, welche dahinter liegen und noch augenscheinlicher ist dies bei Nr. 5 der Fall.

Um 3¾ Uhr kamen wir bei einer ganz kleinen und platten Felsinsel vorbei, deren Oberfläche kaum zwei Fuß über dem Wasser lag, so daß ich sie anfangs für ein schwimmendes Floß hielt. Des Nachts hätten wir sie unmöglich sehen können.

Um 4¼ Uhr waren wir, indem wir nord-nord-westwärts [Seite 115] dahin dampften, den Inseln Nr. 6, 7 und 8 näher gekommen, die in Fig. 8 um 3½ Uhr abgebildet wurden, welche wir nun aber in einer veränderten Richtung, nämlich so erblickten, wie ich sie in Fig. 9 dargestellt habe; – und noch etwas später, um 4½ Uhr, erblickten wir die Insel Nr. 9, die viel weiter entfernt lag, als 7 und 8, so wie sie in Fig. 10 abgebildet ist. Die Sonne stand hinter den Inseln, deren von uns gesehene Ostseite also sehr dunkel war und sich scharf am Himmel abzeichnete.

Diese drei so sonderbar gestalteten, fast rhombischen Felsinseln 7, 8 und 9, die unzugänglich-steil, wie Mauern aus dem Meere emportauchen, haben eine solche gegenseitige Stellung, daß, wenn man sie durch Linien verbindet, ein Dreieck entsteht und Nr. 8, der Table-peak, am weitesten nach Osten, in der Ostecke des Dreiecks, liegt. –

Nr. 9, „Rugged-Island" nebst den übrigen, liegen westlicher. Diejenigen ihrer Seiten, welche von der Mitte dieses Dreiecks abgewendet sind, ihre Außengehänge, fallen etwas sanfter, ihre innern, der Mitte des Dreiecks zugekehrten Seiten aber stürzen sich mauerartig steil, fast ganz senkrecht in's Meer hinab und bilden mehr oder weniger halbkreisförmige (concave) Wände, die einander entgegenblicken (vergl. die innere Wand † von Nr. 7 auf [Fig. 9](#)). Sie scheinen also die höchsten, aus dem Meere hervorragenden Zacken der Kratermauer eines großen Vulkan's zu sein. Der innere Meeresraum, der zwischen ihnen bleibt, mag vier oder fünf englische Meilen im Durchmesser haben, während der Abstand der drei Bruchstücke (Inseln) von einander von ungleicher Länge ist, doch von Nr. 7 und von Nr. 8 bis zu Nr. 9 nicht weniger, als zwei bis drei englische Meilen betragen kann.

Ich glaubte in diesen drei Felsinseln einen sehr ausgebreiteten, noch halb unter dem Meere verborgen liegenden, zur Zeit nicht thätigen Ausbruchskrater zu erkennen, eine ähnliche [Seite 116] Erscheinung, wie die Insel Santorin im griechischen Archipel, obgleich diese als „Erhebungskrater" beschrieben wird. Nachher kamen wir noch mehren Felsen vorbei, – ganz kleinen Bergspitzen, die aus dem Meere ragten, – bis die fallende Nacht ihren Vorhang vor der Schaubühne des heutigen Tages fallen ließ.

Nur ein Gegenstand machte sich auch im Dunkel der Nacht bemerkbar und malte sich schwarz auf dem heitern Sternenhimmel ab, nämlich die Rauchsäule eines d a m p f e n d e n Vulkans! – der zu unsrer Rechten liegen blieb. Es war der schon den Alten bekannte Dschebel T a i r[31] (die insula exusta des Periplus vom rothen Meere), aus dessen Krater der Pascha von Egypten seinen Bedarf von Schwefel holen läßt. Alle die vorigen vulkanischen Kegel, die wir im rothen Meere gesehen hatten, schienen erloschen zu sein, wenigstens zur Zeit nicht zu dampfen, obgleich die Schiffsoffiziere behaupteten, auf frühern Reisen aus einem von ihnen hervorwirbelnde Dampfsäulen bemerkt zu haben. Auf jeden Fall beweist das Vorkommen dieser Kegel, welche in Gruppen, mehr oder weniger reihenförmig dem Busen des rothen Meeres, d. i. der tiefen Erdspalte, welche von diesem ausgefüllt wird, entsteigen, den großen Antheil, den in einer neuern geologischen Zeit vulkanische Kräfte an der Bildung und Umbildung der angränzenden Länder, von Aden an über den Sinai hinaus bis zum todten Meere, genommen haben.[32]

[Seite 117] Der Vulkan Tair, in der Nacht vom 6ten zum 7ten October, war die letzte Insel, die wir im rothen Meere sahen.

Vom Morgen des 7ten October an bis zum Abend des 10ten, also vier volle Tage lang, erblickten wir auf unsrer Fahrt durch den Golf in seiner Längenausdehnung nach Nord-Nord-West zu kein Land, keine Küste, keine Insel mehr. Wir sahen Nichts, wie einen heitern Himmel, eine spiegelglatte See und standen eine drückende Hitze aus, die nur selten durch ein schwaches Windchen etwas gemäßigt wurde. Kein Fisch, viel weniger ein Seekameel (Naqua el Bahr[33]), ließ sich sehen, um uns einige Abwechselung zu verschaffen und vergebens blickten wir während dieser langen Fahrt von der Verschanzung unsres Schiffes herab wohl zu hundert Malen nach allen Seiten hin auf's Meer, in der Hoffnung, irgendwo eine Spur von der rothen Alge zu entdecken, welcher der arabische Meerbusen wahrscheinlich seinen Namen, „rothes Meer", zu verdanken hat. Doch wir sahen nur immer bläuliches Wasser.

Während dieser Golf in der Bibel nur unter dem Namen Bahr Suph (algenreiches Meer) vorkommt, so hieß er bei den Griechen und Römern bekanntlich schon seit H e r o d o t ' s Zeiten mare erythraeum, unter welchem Namen gewöhnlich auch die Theile des indischen Meeres mit inbegriffen wurden, welche die Südküste von Arabien bespülen, ohne daß man den eigentlichen Ursprung dieser Benennung kannte. Denn erst Ehrenberg[34] beobachtete im December 1823, als er sich am Süd-West-Fuße [Seite 118] des Sinai in der kleinen Bai von Tor befand, eine Erscheinung, die im Stande war, über jenen Namen und die Berechtigung des Meeres zum Tragen dieses Namens, ein helles Licht zu verbreiten. Er sah nämlich den Meerbusen auf beträchtliche Strecken weit r o t h oder röthlich gefärbt und fand durch angestellte Untersuchung, daß diese Färbung des Wassers verursacht wurde durch eine mit dem bloßen Auge kaum unterscheidbare und auf der weißen Leinwand, durch welche das Wasser geseihet wurde, nur in Gestalt des feinsten Pulvers oder der dünnsten Härchen hängenbleibenden A l g e, die in Millionen und abermal Millionenzahl anwesend sein mußte, da sie als ein so kleiner Körper so ausgedehnte Stellen des Meeres roth zu färben vermochte. Es war eine Oscillatorie (gegliederte Fäden, zu einzelnen Bündeln zusammengruppirt), die er deßhalb Trichodesmium erythraeum nannte (a. a. O.). – Zum zweiten Male wurde, nach der Mittheilung von M. C. M o n t a g n e[35], die Erscheinung, und zwar in einem noch viel ausgezeichnetern Grade, beobachtet von M. E v e n o r D u p o n t, als dieser im Juli 1843 auf einem Landmailsteamer von Bab el Mandeb nach Suez reiste. Er brachte den färbenden Gegenstand, die Oscillatorie, mit, so wie sie auf einem weißen Taschentuche kleben geblieben war, nachdem er das Meerwasser hindurchgeseihet hatte, so daß sich M o n t a g n e durch Untersuchung von der Identität derselben mit Trichodesmium erythraeum *Ehrenb.*

überzeugen konnte. Es war ebenfalls im nördlichen Theile des arabischen Meerbusens, dem Golf von Suez, wo D u p o n t die Erscheinung beobachtete, und hier sah er das Meer in einer räumlichen Ausdehnung, die nach seiner Berechnung 85¼ Lieues oder [Seite 119] 256 engl. Meilen betrug, nämlich 32 Stunden, also mehr als einen ganzen Tag lang, während der schnell fortgesetzten Fahrt des Dampfschiffes, u n u n t e r b r o c h e n r o t h g e f ä r b t – Wir, auf unsrer Fahrt, sahen uns vergebens nach einer ähnlichen Erscheinung um; es ist aber wahrscheinlich, daß sie seit den ältesten Zeiten z u w e i l e n beobachtet worden ist und die Veranlassung zu dem Namen «mare erythraeum» (rothes Meer) gegeben hat.

Erst am 10ten October, um 6 Uhr des Abends, als wir bereits dem immer schmäler zulaufenden nord-westlichen Ende des rothen Meeres, der Bucht von Suez, nahe gekommen waren und der Wind etwas frischer aus Nord-West zu wehen anfing, bekamen wir, auf unsrer linken Seite, wieder Land zu Gesicht, nämlich Gebirgsketten von Oberegypten, die sich in blauer Ferne hinzogen und einen eben solchen, eingerissenen, zackig-gezähnten Kamm hatten, wie alle Bergketten, die wir vorher in Arabien gesehen hatten. Die Sonne war so eben hinter diesen Ketten untergegangen; vor den Bergen zog sich der stahlblaue, glänzende Spiegel des Meeres hin, – dann kam, in der Aussicht, die wir hatten, aufwärts ein bräunlich-heller Dunst, welcher den Fuß und die untere Hälfte der Bergketten umnebelte, und dieser hellere Dunst ging über in ein Bergblau, das nach dem ausgezackten Saume der Ketten zu immer dunkler und deutlicher wurde. Wie mit dunkelblauer Farbe auf Goldpapier gemalt, zogen sich die Zacken und Nadeln dieses Bergkammes in einer langen Reihe am Horizonte hin. Denn hinter dem Bergsaume lag ein wunderschönes Abendroth, das von kleinen goldnen und und feuerfarbnen Wölkchen durchflammt und durchflickert war, und dieses Abendroth floß nach oben zu in den hell blauen Schmelz des reinsten Äthers über. – Der Farbentöne in diesem [Seite 120] Gemälde waren nur wenige, aber der Glanz und die Reinheit der Farben war prachtvoll, – vielleicht der trocknen Luft und Landschaft eigenthümlich, – egyptisch.

Am folgenden Morgen, 11ten October, früh befanden wir uns schon in der schmalen Bucht von Suez und erblickten Land zu beiden Seiten, nämlich links in der Morgensonne, bräunlich-gelb und hell, die Bergketten Egypten's und rechts, noch in tiefem Schatten liegend und bräunlich-dunkel, den Berg S i n a i – H o r e b ' s   H ö h e n! Dieses Sinai-Gebirge, oder besser, diese Bergketten, wovon nur ein kleiner Theil, Sinai und Horeb, oder Dschebel Musa, d. i. Mose-Berg, genannt wird, zogen sich in mehren alternirenden Reihen unabsehbar weit hinter einander hin und hatten einen eben solchen gezähnten, zackig-zerfressenen Saum, wie alle früher von uns gesehenen. Obgleich wir keinen Küstensaum an ihrem Fuße zu erkennen vermochten, also weiter von ihnen entfernt waren, so erschienen sie doch doppelt so hoch, als die egyptischen Bergketten zu unsrer Linken in Westen, die uns näher lagen und vor denen sich ein flaches, sandiges Vorland, eine Küstenterrasse, hinzog. – Fig. 15 stellt einen Theil der Bergketten auf der Halbinsel Sinai, in der ausgezackten Form ihres Saumes g e t r e u nachgeahmt, dar. – Schon seit gestern Abend war es merkbar kühler geworden und jetzt wehte aus einer Richtung, die unserm Cours direkt entgegengesetzt war, nämlich aus Nord-Nord-West, also vom mittelländischen Meere her, ein ziemlich starker Wind, der wenigstens in Vergleich mit der Backofengluth, die wir an den vorhergehenden Tagen und erst gestern noch ausgestanden hatten, k a l t zu nennen war. Freudig begrüßten wir diesen kühlen, ich möchte sagen, europäischen Wind, als das Zeichen unsrer baldigen Erlösung aus dem glühenden Tropenklima und unsrer Annäherung an das Vaterland.

[Seite 121] Um 7½ Uhr befanden wir uns einem Theil der Küste, auf der Halbinsel Sinai, gegenüber, der wandartig steil emporstieg und ein sonderbares, zackig-geschupptes Ansehn hatte, so wie ich es in Fig. 12 dargestellt habe. Alle Schuppen liefen nach oben spitz zu und vereinigten sich in eine Anzahl ähnlich gestalteter, nur größerer Hauptabtheilungen oder Hauptschuppen, zwischen denen kluftförmige, tiefe Zwischenräume, zurückspringende Theile der Wand lagen, und diese Hauptabtheilungen liefen auf dem gezähnten Kamme der Wand in die höchsten Spitzen aus. Die Küstenberge der Sinai-Halbinsel aber, die später, nord-westwärts, auf diese folgten, wurden niedriger; sie gestalteten sich um 9 und 10 Uhr, wie in Fig. 13 abgebildet ist und stellten uns die eigenthümliche Configuration n e p t u n i s c h e r Gebirge, im Gegensatz zu jenen plutonisch-vulkanischen, die man in Fig. 12 erblickt, recht anschaulich vor. Denn sie bildeten nun (Fig. 13) einen ebenen, nicht ausgezackten, nur sanft gehobenen oder gesenkten Saum; sie waren oben dunkel gefärbt, unten aber, und mehr als zur Hälfte hinan, mit Sand überschüttet, der eine helle, gelblich-bräunliche Farbe hatte, glatt von Oberfläche war und sich auch noch an den Wänden selbst, in nach oben zu schmäler werdenden Rippen, hinanzog. Offenbar bestanden diese so geformten Gebirge (Fig. 13, 14) aus geschichtetem Gestein, sie waren entweder horizontal-liegende oder nur sanft einfallende Flötzbildungen, die seewärts steil abgebrochene, jedoch nicht so hohe, bis zur halben Höhe herauf mit Sand überschüttete und von diesem Sand geglättete, Wände bildeten.

Und **nur** solche neptunische Bergplatten, die sich auf den ersten Blick von jenen plutonischen Felskämmen unterschieden, sahen wir nun noch, besonders an den Küsten der östlichen Seite, der Sinai-Halbinsel, im Verlaufe des heutigen Tages, während wir nord-nord-westwärts immer tiefer hinein in den Golf [Seite 122] von Suez dampften und während uns ein immer stärkerer Wind entgegenblies, nämlich die kühlere Luft, welche vom mittelländischen Meere zuströmte, um die luftverdünnteren Räume entlang den arabischen Küsten auszufüllen.

Die beiderseitigen Küsten traten immer näher zusammen, der Golf wurde schmäler, die Gebirge niedriger und der Sand fing immer mehr an vorzuherrschen. Die Bergplatten, die wir um 2 Uhr auf der egyptischen Seite erblickten, waren deutlich terrassirt, bestanden also aus geschichteten Massen, die sich nach dem Ufer des Meerbusens zu in mehren Absätzen herabsenkten. Auch auf der Halbinsel rechts waren die Bergmassen deutlich geschichtet und viel heller gefärbt, selbst **weißlich**, – jedoch wahrscheinlich nur deßhalb, weil die dunklern Abhänge der Berge auf der linken Seite schon im Schatten lagen. – Um 4 Uhr bemerkten wir auf der linken Seite einen weiten, flachen Zwischenraum zwischen den Gebirgen, dann aber nordwärts von diesem erhob sich wieder ein höherer sargartiger Rücken. Auf der rechten (Sinai-) Seite trat nur hier und da noch eine geschichtete Gebirgsscholle, wie Fig. 14, bis zum Meere hervor und senkte sich dann schroff, mauergleich, zum Gestade herab, in allen übrigen Gegenden sah das Auge nun nichts mehr, wie Sandflächen oder niedrige, weit ausgebreitete Sandrücken, die in ihrer lichtfalben Schminke, von aller Vegetation entblößt, glatt, kahl, einförmig und öde dalagen. – Einige von den gestreiften, geschichteten Wänden der Bergplatten waren bis oben hinauf mit Sand überschüttet, andere nur bis zu drei Viertel oder, wie Fig. 14, nur bis zur Hälfte und dann waren sie durch ihre dunklere Farbe und gestreifte Beschaffenheit schon aus der Ferne von der geglätteten Oberfläche der Sandmassen zu unterscheiden.

So sahen wir fast Nichts mehr wie Sand, – dürren Sand, der durch seine helle Farbe, da, wo ihn die Sonne beschien, [Seite 123] die Augen blendete und die Frage hervorrief: ist d a s der gefeierte Anblick Arabien's? – sieht so Egypten aus?

Um 7½ Uhr des Abends (den 11ten October) wurde die Küste auf der rechten, östlichen Seite noch niedriger, flacher, – auf der linken, egyptischen Seite aber sahen wir vor uns noch eine, nämlich die letzte, nördlichste von jenen Landplatten, die von West, oder Süd-West, her schief ansteigen, in's Meer vorspringen und sich dann, nach Osten zu steil, terrassenförmig hinabsenken.

Eine halbe Stunde später ließen wir im nördlichsten Theile der Bucht unsern Anker fallen, direkt in Süden der Landenge von Suez; wir waren aber noch drei englische Meilen vom Ufer, das die gleichnamige Stadt trägt, entfernt, weil der untiefe Korallengrund des Meeres allen größern Schiffen die weitere Annäherung verbietet.

Ich habe bis jetzt bei den verschiedenen Ländern und Gegenden, die ich auf dieser Reise Gelegenheit hatte, zu besuchen, die L i t e r a t u r angegeben, so weit mir diese bekannt geworden war. – Ich that dies zur Bequemlichkeit derjenigen Leser, welche sich über diese Länder, an denen ich gewissermaßen nur vorübergestreift bin, gründlicher zu unterrichten wünschen möchten, und brachte ihnen deßhalb die durch den Druck bekannt gemachten hauptsächlichsten Werke, die von diesen Ländern handeln, kürzlich in Erinnerung. – Wollte ich aber eben so in Beziehung auf Arabien und Egypten handeln, so könnte ich einen halben Bogen voll schreiben, allein mit den Titeln der Werke, welche über diese viel bereisten, besser als Indien bekannten, Europa nahe liegenden Gegenden des Erdballs in englischer, französischer und deutscher Sprache erschienen sind.

Befinden wir uns doch hier auf dem klassischen Boden, den, außer noch frühern Reisenden, von 1763–1845, so viele tüchtige Forscher durchkreuzt haben, – in einem Lande, das der Schauplatz der Untersuchungen war eines N i e b u h r , S e e t z e n , B u r c k h a r d t , R ü p p e l l , E h r e n b e r g   u n d   H e m p r i c h,   L a b o r d e , Wellstedt, Schubert, Robinson, Russegger, L e p s i u s ! – und das noch jährlich viele Reisende durchkreuzen, die zum Theil nur zu ihrem Vergnügen den Sinai ersteigen oder aus Egypten bis nach Nubien vordringen.

Ich will mich daher von Suez an auf die kurze Erzählung meiner Reise beschränken und nur die Erscheinungen, die ich selbst beobachtete, so wie sie flüchtig an mir vorüber flogen, mittheilen.

Ich setzte mich bald nach unsrer Ankunft in einen kleinen Kahn, den zwei Araber fortruderten. Das Meer war bis auf meilenweite Entfernungen vom Ufer so seicht, daß ich im Mondschein überall den weißen Korallengrund sehn und nachher selbst mit meinem Spazierstocke auf den Meeresboden aufstoßen konnte.

Wir kamen dann auch erst eine gute Stunde später an's Land, – der Anblick aber, der sich mir daselbst, in der Nacht vom 11ten zum 12ten October, darbot, war so höchst eigenthümlich, so bizarr, die ganze Scene war so spukhaft und so voll romantischer Contraste, – daß sie nimmer wieder aus meiner Erinnerung verschwinden wird.

Mein Kahnführer setzte mich an einem großen, zweistöckigen Gebäude ab, das noch zwei Flügel hatte und dessen Hauptfront an's Meer gränzte; hier stieg ich auf breiten Treppen hinan zu einer überdeckten Galerie und gelangte aus dieser durch einen Thoreingang in den innern, viereckigen Hofraum des Hotel's von Suez, das seiner Form nach eher einem Kloster, als einem Gasthause glich. Hier war Alles voll Leben und Menschengewimmel. – Wir waren fast anderthalbhundert Passagiere, die wir uns ausschifften und aus Indien im Hotel ankamen, – [Seite 125] 160 andere aber, aus Europa angekommene, warteten schon im Hotel und standen reisefertig da, oder waren mit dem Einpacken ihrer Güter und dem Ordnen ihrer Koffer beschäftigt, um sich auf dem Bentinck einzuschiffen und nach Indien zu gehen. Also, außer den Dienern des Hotels, den Officianten, Gepäckbesorgern, Lastträgern, Kahnführern, wimmelten und flutheten hier mehr als 300 Reisende, deren Interessen sich regelrecht durchkreuzten, weil die eine Hälfte derselben gerade dahin wollte, wo die andere herkam, durch einander. Dazu kam noch, daß die Cholera, die in Cairo aufgehört hatte zu wüthen, hier noch täglich ihre Opfer fraß und daß ein Jeder verlangte, so schnell wie möglich von hier wegzukommen, nämlich anderthalbhundert vom Hotel auf's Schiff und anderthalbhundert, so schnell wie möglich, vom Schiffe in's Hotel und aus dem Hotel nach Cairo. Hier hatte Keiner Lust, zu bleiben, ein Jeder hatte Eile, das Wachtwort aller war nur „für sich selbst zu sorgen," und so sah man in dem engen Raume des Hotels das Schauspiel von anderthalbhundert Doppel-Interessen, die mit einander in Conflict geriethen. So zahlreich die Zimmer des Hotels auch waren, so hatte die erste Hälfte der Reisenden, die nach Indien verlangten, doch bereits alle vorhandenen Räume in Beschlag genommen; ja, wenn noch leere Zimmer vorhanden gewesen wären, so würde es an Dienern gefehlt haben, um sie dem Reisenden anzuweisen, da das Personal dieser letztern der Dienerschaft weit überlegen war. Man mußte s e l b s t suchen und nehmen, was man haben wollte. Wenn die Passagiere eine Räuberbande gewesen wären, so hätten sie das Hotel nebst der ganzen Stadt Suez bequem ausplündern können. Als ich in den weiten Corridoren des Gebäudes herumschritt, dessen weiße Gemäuer von dem Mondschein hell beleuchtet waren, traf ich wirklich leere Zimmer an, die von den Reisenden, die sich [Seite 126] auf's Schiff begeben hatten, schon verlassen waren. In einigen brannten auf Waschtafeln, oft mitten zwischen Bettvorhängen, noch Kerzen, welche der vorige Bewohner in der Eile vergessen hatte, auszulöschen, und in andern lagen zwischen nur halb erloschenen, noch glimmenden Kerzen die Betten auf der Flur. – Malerische Unordnung! –

In dem allgemeinen Gelag- oder Speisezimmer, das in der untern Etage war, konnte man Wein, Bier, Milch, Kaffee, Thee, Bouillon, Brot u. dergl. erhalten, aber hier war das Gedränge derjenigen, die anderwärts keinen Platz hatten finden können, so groß, daß sich ein Jeder selbst nehmen mußte, was er haben wollte, und daß die Kränklichen oder Müden der Passagiere froh waren, in irgend einer Ecke noch eine unbesetzte Bank oder einen Stuhl anzutreffen, um daselbst ausruhn zu können. Draußen, im Freien, war es empfindlich kalt und man hörte viele von denen mit den Zähnen klappern, die aus Indien gekommen waren.

In demselben Gebäude befand sich das Bureau der Landmail-Beamten, wo diejenigen Reisenden, die, wie ich, nicht bis England Passage genommen hatten und deßhalb nur bis Suez hatten bezahlen können, sich für 12 Pf.

Sterling mit einem Passagescheine bis nach Alexandrien versehen mußten. Auch hier war das Gedränge groß und die Bänke im Vorzimmer waren mit Reisenden besetzt, die sich sitzend oder liegend einige Ruhe zu verschaffen suchten. – In dem kahlen Sandgrunde des Hofraumes lagen Kisten und Waarenballen in wilder Unordnung umher und außerhalb des Gebäudes lagen sie nach dem Strande zu in ganzen Bergen auf einander gestapelt.

Der Transport der Reisenden durch die Wüste geschieht von hier in zweirädrigen Wagen, in deren jedem sechs Mann Platz haben. Damit sich die Zahl der Reisenden in den kleinen Stationen, die in der Wüste liegen, nicht zu sehr anhäufe, so [Seite 127] werden jedes Mal nur vier Wagen zugleich befördert und die verschiedenen Züge oder Transporte, deren Zahl sich nach der Zahl der Reisenden regelt, folgen einander in Zwischenzeiten von 1½–2 Stunden. Die, welche Passage bis England genommen haben, haben den Vorrang und von den übrigen werden Diejenigen zuerst befördert, die sich am Bureau von Suez zuerst gemeldet haben und sich zuerst in die Liste haben einschreiben lassen. Da ich zu keinen von beiden gehörte, so wurde mir mitgetheilt, daß ich unter die Zahl derjenigen Reisenden eingeschrieben sei, die mit dem Transporte um 4 Uhr von Suez abreisen würden.

Ich hätte also Zeit genug gehabt, einiger Nachtruhe zu pflegen. Da aber vor der Abreise der früher angekommenen Gäste auf's Schiff keine Zimmer mit frischen Betten zu bekommen waren, und das Ausruhn auf Bänken oder aneinander gesetzten Stühlen, dem sich manche überließen, mir nicht behagte, so zog ich es vor, dem Gewühle des Hotels zu entfliehen und ungeachtet der Kälte und der Cholera, meine Zeit auf Spaziergänge durch die Stadt zu verwenden.

So glühend die Hitze ist, welche die Sonnenstrahlen über Tag auf der Oberfläche von Sand und Fels hervorrufen, so groß ist die Abkühlung der starren Wüste des Nachts. Die Kälte war daher empfindlich und ich bedauerte, meine leichte, indische Kleidung nicht sogleich mit wärmerer, europäischer Bedeckung verwechseln zu können. Der Mond schien so hell durch die heitre Wüstenluft herab, daß auch im Schatten der Mauern alle Gegenstände deutlich sichtbar waren. Die Todtenstille, in welcher die Stadt dalag, machte einen tiefen Eindruck auf mich, der ich so eben erst das lärmerische, von Leben wimmelnde Gasthaus verlassen hatte. Ich sah auf dem Kai und in den benachbarten Straßen Hunderte von plumpen Massen liegen, die mit [Seite 128] den Mauern der Gebäude und dem Sande, woraus der Boden bestand, so vollkommen ein und dieselbe fahlgraue Farbe hatten, daß ich sie für Felsblöcke oder große Waarensäcke hielt. Zwischen ihnen waren hier und da pyramidenförmige oder längliche Gestalten von völlig weißer Farbe sichtbar, die wie Gespenster und schweigsam wie diese, hin- und herschlichen. – Alles war still. – Man konnte kein Athmen, kein Geräusch hören, und erst als ich mich mitten unter jenen plumpen „Felsblöcken" oder „Säcken" befand und als lange, gebogene Körper, wie krumme Baumstämme, mir zur Seite und höher, als ich selber war, emporragten, da erkannte ich erst, daß jene schleichenden Gestalten Beduinen mit ihren weißen Mänteln waren, aus deren Kappe oben ein schwarzer Bart und zwei funkelnde Augen hervorguckten, – und ich erschrak fast, als einer von jenen lang emporgereckten Körpern an seiner Spitze anfing, sich langsam zu bewegen und mir – einen K o p f zudrehte, mit Augen darin und einem käuenden Gebiß – – –; ich schritt zwischen K a m e e l e n, dem Bilde der Geduld, dahin. Diese Thiere, Dromedare oder einbucklige Kameele,[36] lagen in der That eben so unbeweglich wie Felsblöcke im Sande hingestreckt, und der einzige Theil ihres Körpers, an dem man zuweilen eine leise Bewegung spüren konnte, war der Kopf, den sie langsam zur Seite drehten, wenn ein Araber oder ein fremder Reisender vorüberschlich. Man hätte dann diesen so unverhältnißmäßig kleinen Kopf, wenn er sich auf dem ungeheuer langen Halse nach einer Seite zu bewegte und sich allein bewegte, während kein andres Glied des Körpers Zeichen von Bewegung gab, leicht für einen ganz andern Gegenstand, für ein Thier an und für sich selbst, oder auch für eine Windfahne halten können.

[Seite 129] Ich wandelte durch die engen Straßen zwischen den Häusern dahin, die schmutzig-grau oder bräunlich, wie der Sand des Bodens, sind, platt von oben, kahl und einförmig an ihren Wänden, die aber durch ihre kleinen, sehr vereinzelten, regellos angebrachten und dann noch gewöhnlich mit Gitterwerk geschlossenen Fensteröffnungen ein fremdes, geheimnißvolles Vorkommen erhalten. Manche Gassen sind so eng, daß nicht zwei Menschen neben einander gehen können. Die Häuser sahen aus, wie aus der Wüste herausgewachsene Erd- oder Felsstücke, von kubisch-plattgedrückter Form und ihre Vereinigung zu einem Ganzen glich einer platten Bergmasse, durch welche man schmale, sich regellos durchkreuzende Gassen hindurchgehauen hat. Alles war kahl und staubig. Nur hier und da blickte aus dem innern Hofraume, deren ein jedes größere Haus einen hat, eine Dattelpalme hervor und in dem Hintergrunde einer schmalen Gasse machte sich zuweilen die weiße, unheimliche Gestalt eines Beduinen kenntlich, die schnell hinter der Ecke verschwand. Sonst war Alles einförmig und bewegungslos. – Nackte äußere Wände der Häuser, mit kleinen vergitterten Gucklöchern, – viereckige innere Hofräume, nach welchen die Fensteröffnungen hingerichtet sind, – Cisternen in diesen Höfen, – hier und da die Minaret's einer Moskee, ähnlich den cylindrischen Schornsteinen europäischer Fabriken, – platte Dächer – Alkoran und – Harem! – das sind hier unzertrennliche Sachen.

Auf meinem Spaziergange durch dieses Chaos, diesen regellosen und schmutzigen Schutthaufen von Mauern, (als solcher erscheint die Stadt dem Reisenden auf den ersten Blick) – empfanden auch meine Geruchsnerven den bündigen und anhaltenden Beweis, daß das Wort s c h m u tz i g kein unverdientes Prädikat von Suez sei. Denn Kothhaufen und todte Ratten waren aller Ecken zu sehen, halb verfaulte Kadaver von Eseln [Seite 130] lagen hier und da umher, sogar ein todtes Kameel zwang mich zur Rückkehr aus einer von den engen Gassen, die es ganz versperrte, – vielleicht lagen auch menschliche Leichen, die an der Cholera gestorben waren, noch unbegraben in den Häusern, oder nur lose verscharrt unter dem Sande, – und ein gräulicher, allerwidrigster, s ü ß - f a u l e r Gestank erfüllte, als ein nicht unpassender Duft für das Heimathland der P e s t, – weit und breit alle Räume der Stadt.

Doch hatte die Landschaft und Stadt mit der eigenthümlichen Bauart ihrer Häuser, mit ihren Kameel- und Beduinengestalten, ihren regellos aufgehäuften Transportwaaren und Kisten und eben so regellos umhergestellten zweirädrigen Karren, und mit ihrem klosterartig abgesonderten Hotel, worin mehr als 300 Fremdlinge durch einander wogten, – so wie sie da lag bei nächtlicher Weile, hell vom Mond beschienen, – einen, wo nicht schönen, doch desto eigenthümlichern Reiz.

Für unsere Bagage brauchten wir nicht zu sorgen; diese wurde ohne unser Zuthun an's Land geschafft und auf Kameelen durch die Wüste transportirt. In den Wagen aber, während der Reise durch die Wüste, war es den Passagieren nicht erlaubt, mehr als ein ganz k l e i n e s Päckchen, so viel nämlich ein Jeder unter der Bank zwischen seinen Füßen verbergen konnte, bei sich zu behalten, und ich war froh, daß mir meine Wagengefährten zugestanden, mein Barometer mitzunehmen. Die Wagen, die sich auf zwei Rädern bewegen, sind auf allen Seiten mit Fenstern versehen, die man nach Belieben aufschieben oder schließen kann und haben in ihrem Innern für sechs Reisende Platz, enthalten nämlich zwei seitliche Bänke, auf deren jeder drei Personen, also einander gegenüber, Gesicht gegen Gesicht, zu sitzen kommen, – die Räume sind aber so eng, daß man des Gepäcks wegen, wovon ein Jeder gern so viel wie [Seite 131] möglich mitnimmt, sehr gedrängt sitzt. Die Thüröffnung befindet sich also auf der hintern Seite, zu welcher man auf einer Art von Treppe hinansteigt.

Endlich war der größte Theil der Nacht verflossen und die Zeit unsrer Erlösung aus Suez rückte heran. Ich glaube, es war der dritte Transport, mit dem ich befördert wurde und der aus vier Wagen bestand. Es war 4 Uhr in dem Morgen des 12ten October, als wir das öde Suez verließen und von Staubwolken umhüllt, hinein in die noch ödere Wüste rollten. Einem jeden Wagen wurden vier tüchtige arabische Pferde vorgespannt, und diese flogen mit uns in vollem Galopp dahin.

> „Todt und starr liegt die Wüste hingestreckt,
> wie die nackte Felsrinde
> eines verödeten Planeten".[37] –

Dies würde eine passende Inschrift sein für die Pfeiler des offenen Thores von Suez, durch welches man in die Wüste hineinfährt. Denn je mehr der Tag graute, desto deutlicher und abschreckender zeigte sich die Wüste in ihrer ganzen, traurigen Öde. Sie bestand bald nur aus feinem, beweglichen Sande, in welchen die Räder tief einschnitten, dann keuchten die Pferde, – bald aus gröberm oder mit Steingereibsel vermengtem Sand, – bald herrschte das Steingereibsel (kleine Felstrümmer, meistens abgerundet, in der Form von Geschieben, die hier und da bis zu einem Fuß Dicke anwuchsen,) vor, dann rollten die Wagen leichter darüber hin und flogen nur zuweilen, wenn die Räder auf einen der größern Steine stießen, einen kleinen Fuß hoch oder anderthalb in die Höhe, um uns durch einen zeitig angebrachten sanften Stoß vor zu großer Schläfrigkeit zu bewahren; – bald war die Wüste vollkommen horizontal, – bald wellenförmig [Seite 132] gehoben und gesenkt, ja hier und da hüglig, dünenartig, – aber überall war sie gleich dürr.

Kahl, nackt, öde, todt, starr, aller Dammerde entblößt, allen Pflanzenwuchses beraubt, ohne Wasser, ohne Bewegung, ohne Leben, voll Sand, voll Staub, glühend heiß, verschmachtend, einförmig, unendlich, ermüdend für's Auge, trostlos für's Herz! – d a s ist die Wüste.

Unsre Reise dauerte von Suez bis Cairo 15½ Stunden; da hiervon aber 3½ Stunden Halt abgezogen werden müssen, so hatten wir zum Durchfahren der Wüste, das in der Richtung fast genau von Ost nach West und jederzeit im vollen Galopp geschah, nur 12 Stunden nöthig. Ist nun das ganze Traject 100 engl. Meilen lang, so legten wir 8 solcher Meilen in einer Stunde zurück. In Abständen von 5–6 engl. Meilen waren durch die ganze Wüste bis nach Cairo Pferdeställe nebst Wohnungen für die Aufseher erbaut, – Stationen, wo die Pferde gewechselt wurden. Diese standen mit Geschirr und allem angethan jederzeit schon bereit, wenn wir ankamen. Es läuft nämlich in der Richtung des Weges eine Linie von Telegraphen durch die Wüste, auf kleinen Thürmen angebracht, die öfters auf Erhöhungen des Bodens stehen, da, wo sich deren finden und deren äußerste

Punkte Suez und Cairo sind.[38] Der Hauptdienst dieser Telegraphen ist, die Ankunft der Schiffe zu Suez und der Transporte von Reisenden durch die Wüste, hin und her, zu melden. Aber nur an drei Stationen, wo sich kleine Gasthäuser, Absteigequartiere (Pasanggrahan's würde man auf Java sagen), befinden, wurde für längere Zeit Halt gemacht, nämlich von 8–9, von 12–1½ und von 5–6 Uhr, und hier hatte ich Gelegenheit, den unersättlich-musterhaften Appetit der [Seite 133] Engländer zu bewundern, die an allen diesen Orten tüchtig aßen und tranken. Die Tafeln waren bei der Ankunft der Transporte schon gedeckt und mit dem Auftragen der Speisen wurde nur so lange gewartet, als die Reisenden in kleinen Nebenzimmern, wo Waschtafeln standen, beschäftigt waren, sich Gesicht und Hände vom Staube zu reinigen und das Haupt abzukühlen. Die Speisen bestanden hauptsächlich aus Suppe, Reis, Hühner- und Schöpsenfleisch, das auf verschiedene Art zubereitet war, auch waren Kartoffeln, Gemüse, Brot und Zwieback vorhanden und den Bier- und Weinflaschen wurde fleißig zugesprochen. Nach Tisch wurde Kaffee gereicht, gewöhnlich in kleinen Nebenzimmern, welche die Überschrift: „Rauchkammer", trugen. Andere Nebenzimmer waren mit Betten versehen zur Bequemlichkeit der kränklichen Reisenden oder der Damen, die etwa wünschen möchten, auszuruhen. Auch muß ich Mehmed Ali, der es eigentlich war, welcher uns zufolge seines mit der Compagnie geschlossenen Contractes hier bewirthete, die Gerechtigkeit widerfahren lassen, und bezeugen, daß wir in seinen Hotels in der Wüste besser aßen und tranken, wie in dem ersten Gasthofe zu Cairo, obgleich alle Bedürfnisse, das Wasser nicht ausgenommen, aus weit entfernten Gegenden hierher geschafft werden müssen. Die Hotels, die nur ein Stockwerk hatten, waren aus Stein, gewöhnlich auf plattenförmig erhöhten Räumen erbaut und waren auch an der größern Höhe, die sie selbst hatten, schon aus der Ferne von den Pferdeställen zu unterscheiden, die ihnen zur Seite standen. Alle Gebäude waren aber, wie überhaupt in Egypten, platt von oben und glichen ihrer Form nach viereckigen Kasten. Das größte unter ihnen war das Hotel, in welchem wir von 12–1½ Uhr unsre Hauptmahlzeit hielten und das sich auf einem 12 Fuß hohen Plafond erhob. Man mußte auf Treppen hinaufschreiten und genoß aus der Vorgallerie eine freie [Seite 134] Aussicht über die angränzenden Räume der Wüste. Außer diesen kleinen Poststationen, an denen ohngefähr alle drei Viertelstunden zum Wechseln der Pferde Halt gemacht wurde, bot uns die Wüste auch noch einige andere Abwechselung dar. Ein eigentlicher Weg, eine Spur von Rädern oder Kameeltritten war freilich nirgends zu sehen und selbst die Steinhaufen oder Pyramiden, welche in manchen sehr gleichförmigen Gegenden der Wüste in gewissen Abständen angehäuft worden waren, um die Richtung des Weges zu bezeichnen, waren zum Theil wieder vom Sande verweht und überschüttet. Dasselbe war der Fall mit den gefallenen Kameelen, die wir häufig sahen und die bald noch frische Kadaver waren, bald abgenagte Gerippe, die nur halb aus dem Sande hervorragten. Aber die vielen Karavanen und beladenen Kameelheerden, an denen wir öfters vorbeiflogen, gaben der Wüste, zu dieser Zeit der Land-Transporte, doch ein gewisses belebtes Ansehen. – Auch unsre Kutscher verschafften sich selbst und uns durch den Wettstreit, den sie mit einander im Schnellfahren hielten, einige Belustigung, – bald hielten unsre Wagen lange Zeit mit einander gleichen Schritt und flogen alle vier in stätigem Tempo neben einander dahin durch den weiten Raum, bald rannte uns der eine voraus und war einige Minuten später am fernen Saume der Wüste nur noch an den Staubwolken erkennbar, die ihn begleiteten, – bald verschwand ein anderer hinter uns, der im Sande stecken blieb und uns erst später wieder einholte; – z w e i Erscheinungen aber waren es hauptsächlich, die mehr, als die eben genannten, meine Aufmerksamkeit auf sich zogen, und mehr, als alles Andre, dazu beitrugen, das Bild der Wüste in meiner Phantasie unauslöschbar zu machen.

Auf der so einförmigen, gestaltlosen Oberfläche der Wüste fielen alle Gegenstände, welche die Gleichförmigkeit in Etwas [Seite 135] unterbrachen, – ein Stein, der ein wenig größer war, als die andern, – ein Gerippe, auf die man an andern Localitäten kaum geachtet haben würde, – sogleich in die Augen; der Mangel aller andern Gegenstände aber, die zu Anhaltpunkten, zur Vergleichung bei der Beurtheilung hätten dienen können, war die Ursache, daß man hinsichtlich der Schätzung der Größe so wohl, als der Entfernung solcher Körper, die man sah, in die größten Irrthümer verfiel. Schon mehrmals waren wir an Sandabhängen vorbeigekommen, und hatten auf dem Rande dieser abschüssigen Stellen ziemlich große Körper gesehn, die fast in gleichen Abständen von einander dastanden, ohne daß wir die Natur derselben kannten. – Auch um 12 Uhr, als wir in der Hauptstation auf der Hälfte des Weges, also in der Mitte der Wüste, angekommen waren, sahen wir auf dem Rande eines erhöhten Sandwulstes nicht weit vom Hause eben solche Körper wieder hingepflanzt. Sie standen da, wie in einer Reihe neben einander und ihre Zahl betrug meistens 50. Wir vermochten nicht zu erkennen, ob es Menschen waren (Beduinen), die da standen, oder Schafe oder Sträucher oder Felsblöcke; – das Letztere war noch das Wahrscheinlichste, denn sie waren ganz unbeweglich und graubraun von Farbe, wie Alles umher. Sie standen aber in so regelmäßigen Abständen, wie man Felsen selten sieht und waren alle von vollkommen gleicher Größe. Es war ganz unmöglich, diese Größe zu beurtheilen, und zu sagen, ob sie drei oder zehn Fuß groß waren oder noch mehr und eben so unmöglich war es uns, mit dem bloßen Auge zu ermessen, ob sie sich in der Entfernung von nur 100 oder von 1000 Fuß oder mehr von uns befanden.

Ich beschloß, mir Sicherheit zu verschaffen und ging darauf los. Als ich näher gekommen war, so unterschied ich zu meinem nicht geringen Erstaunen die regelmäßige Form von ungeheuer [Seite 136] großen Raubvögeln, die, wie es schien, ausgestopft und vom Besitzer des Hotels zum Trocknen dahingestellt waren, – denn auch kein einziger davon ließ auch nur die geringste Bewegung spüren; sie standen alle da in gleichen Abständen von einander, sie hatten alle eine vollkommen gleiche Stellung und waren mit ihrem Vordertheile dem Abhange zugekehrt; ich kam ihnen bis auf 25 Fuß nahe, aber – wie erschrak ich! – als nun plötzlich diese ungeheuren Vögel, alle auf Einmal, wie auf Einen Schlag, aufflogen und – dahin sausten durch die Wüste, in der sie sich auf einen andern Sandhügel, in derselben Stellung, wie vorher, und eben so unbeweglich wieder niederließen. – Es war der gemeine große Wüstengeier, Vultur fulvus, der sich besonders vom Fleische der gefallenen Kameele nährt, sich daher gern in der Nähe der Karavanenstraßen aufhält und diese von seinem Standpunkte, nämlich den Sandhügeln herab, überblickt, in einer der Straße stets zugekehrten Stellung.

Die zweite Erscheinung, die eben so eigenthümlich, wie die Geier und die Kameele, zur Wüste gehört, war die sogenannte Luftspiegelung, mirage, Sehrab der Araber. – Ihr Sichtbarwerden ist abhängig vom Grade der Erhitzung der Wüste durch die Sonne, sie ist daher zur Zeit der größten Hitze von 12 bis 2 Uhr am lebhaftesten, wird nicht vor 8 Uhr des Morgens sichtbar und verschwindet allmählig wieder gegen 5 Uhr des Abends. Wir hatten daher Gelegenheit, uns fast einen ganzen Tag lang an diesem

optischen Phänomen zu belustigen, das der Wüste einen merkwürdigen, zauberhaften Reiz verlieh. Wir sahen es zuweilen nur an einer, meistens aber an zwei bis drei, ja fünf und mehr Stellen auf verschiedenen Seiten zugleich, – wenn es an der einen von diesen Stellen verschwand, so erschien es an einer andern Stelle wieder, wie hingezaubert, und so [Seite 137] dauerte das Spiel den ganzen Tag lang, – des Mittags aber am schönsten und häufigsten – fort, indem es die öde Sandwüste in eine Steppe voll von Seen, Wassertümpeln und schlängelnden Flüssen verwandelte. Manche Stellen der Wüste nämlich, die vorher, wie alles Andre rundum, in ihrer bräunlich-gelben, matten Farbe dagelegen hatten, fingen, wenn wir uns ihnen bis zu einer gewissen Entfernung genähert hatten, an, zu glänzen –
sie wurden gleichsam, so schien es, in einen Spiegel verwandelt, der die Farbe und das Licht des Himmels bläulich-weiß zurückstrahlte und dadurch das Bild einer Wasserfläche hervorrief; er war aber so blinkend, wie diese, –
am Saum zitternd und dadurch den Wellenschlag so täuschend nachahmend, daß wir oft anfingen, zu zweifeln, ob wir nicht das wirkliche Wasser kleiner Seen vor uns erblickten. Weil nämlich der Saum der erhitzten Wüste im aufsteigenden Luftstrome wellenförmig zitterte und die Gränzlinie, die er mit dem scheinbaren See bildete, dadurch zerrissen wurde, so veranlaßte er durch seine Spiegelung im Pseudo-Wasser das Sichtbarwerden von länglichen Gestalten, wie von Palmenstämmen, die man am Ufer zu sehen glaubte – oder das spiegelnde, umgekehrte Bild wirklicher in der Nähe liegender Felsblöcke oder andrer Unebenheiten in der Wüste wurde verlängert. – Diese spiegelnden Wasserflächen hatten meistens eine längliche, streifenartige Form, zuweilen waren sie auch rundlich, manchmal wie Flußarme geschlängelt und eben so verschieden, wie in ihrer Form, waren sie auch ihrer Größe nach und wuchsen von kleinen Tümpeln bis zu

ansehnlichen Seen an. Oft sah man sie mitten in der Wüste, dann waren sie an allen Seiten von dunkler gefärbten, matten Ufern umgeben und sie schienen in sanften Vertiefungen der Wüste zu liegen; am häufigsten aber zeigten sie sich in der Nähe des Randes oder im Rande selbst der Wüste und dann floß ihr jenseitiger Rand ununterscheidbar [Seite 138] mit der Helle des Himmels, dessen Farbe sie hatten, zusammen.

Meine Begleiter und ich, wir wurden denn auch den ganzen Tag lang nicht müde, diese Erscheinung, die der starren Fläche ein gewisses Leben, eine gewisse Bewegung verlieh, zu betrachten und zu bewundern. Schon oft hatten wir geglaubt, wirkliches Wasser zu sehn und waren getäuscht worden. Dennoch geschah es zuweilen bei unsrer Ankunft an einer Station, wenn wir einen neuen See vor uns erblickten, daß verschiedene Engländer mit andern ihrer Landsleute um mehre Pf. Sterling wetteten: D i e s m a l wirkliches Wasser vor sich zu haben. Da lag, wie es schien, in einer sanften und muldenförmigen Vertiefung der Wüste – ein schöner blinkender See, sein Wasser bewegte sich zitternd in sanften Wellen und von seinem Ufer zogen sich ebenfalls lange Gegenstände – zitternd und sich spiegelnd – herab in's wogende Wasser, gerade so, wie man es an wirklichen Seen bemerkt, über deren Spiegel ein sanfter Wind hinwegstreicht. Die Täuschung war so vollkommen, daß ich wohl hätte mitwetten mögen, wenn ich von der Unmöglichkeit von vorhandenem Wasser in dieser Erdgegend nicht so sehr überzeugt gewesen wäre. Viele der Passagiere glaubten es aber steif und fest und schritten, um die Wette zu gewinnen und dabei zugleich ein erfrischendes Bad im Wasser zu nehmen, muthig darauf los. Aber als wir uns dem Phänomen bis auf einen g e w i s s e n Abstand genähert hatten, so wurde es zuerst schmäler, streifenförmiger und dann v e r s c h w a n d es, und zwar ziemlich schnell, vor unsern Blicken. Seespiegel, Wellenschlag, Ufer, Alles verschwand, wie auf einen Zauberschlag und von der muldenförmigen Vertiefung, die wir zu erblicken geglaubt hatten, blieb nichts zurück, wie die matte Sandwüste, die an der Stelle eben so flach und gleichförmig war, wie überall. – [Seite 139] Was uns am meisten ärgerte, war, daß wir nicht einmal die Entfernung zu bestimmen vermochten, in welcher von unsrem Standpunkte aus gerechnet, die Erscheinung sichtbar wurde und wieder verschwand, daß wir also auch nicht die Stelle bestimmen konnten, wo die scheinbare Spiegelung Statt gefunden hatte, aus dem einfachen Grunde, weil diese keine Spur hinterließ und weil es den luftigen Seen nicht beliebte, mit ihrem Vorhandensein so lange zu warten, bis wir an ihren Ufern angekommen waren. Unsre Schätzung der Abstände, in welchen wir diese scheinbaren Wasserspiegel vor uns liegen sahen, auf ein bis zwei, ja drei und mehr englische Meilen war daher gewiß auch sehr betrügerisch.

Nachdem ich diese sogenannte Luftspiegelung gesehen und s o   o f t sie sich zeigte, mit immer erneuerter Bewunderung betrachtet hatte, so mußte ich gestehen, daß doch auch die W ü s t e ihre Schönheiten besaß.

Auch der Abend, nachdem er gefallen war, nachdem sich schon ein zweifelhaftes Dämmerlicht über den Sandocean verbreitet hatte, bestätigte dies. – Wir befanden uns in der vorletzten Post-Station, als uns einige Passagiere, die draußen standen, zuriefen, daß wir hinaus in's Freie kommen möchten, weil ein wundervolles Schauspiel sichtbar werde. – Draußen angekommen und auf einem Sandhügel postirt, – da sahen wir eine ungeheuer große Kugel – sie war oben halb fleischroth, halb isabellfarben, – wir glaubten, daß es ein Luftballon sei, den man in ein bis zwei engl. Meilen Entfernung von uns in der Sandfläche aufsteigen ließ, – und wir hatten einige Zeit nöthig, um uns zu überzeugen, daß das, was wir sahen, – der v o l l e M o n d war, der sich langsam – wie ein ungeheures Gespenst über den Saum der bräunlich-falben Wüste erhob. – Er schien so ungeheuer groß, daß wir hätten glauben mögen, sein Durchmesser betrage mehr, wie gewöhnlich, was natürlich nicht der Fall war und so erhielten wir einen neuen, schlagenden Beweis, wie trügerisch alle Schätzungen über die Verhältnisse von Größe und Entfernung der Gegenstände in einer Wüstenfläche sind, die sich einförmig und kahl nach allen Seiten ausstreckt. –

Ich habe jene Erscheinung, wie gewöhnlich zu geschehen pflegt, Luftspiegelung genannt; sie gehört aber in der That der Lehre von der irdischen Strahlenbrechung an und ist am gründlichsten von Biot erklärt.[39] – Da, wie bekannt, Flüssigkeiten von verschiedener Dichtigkeit ein verschiedenes Brechungsvermögen besitzen, so hat Biot alle Erscheinungen auf mathematische Art erklärt durch die Abweichung der Lichtstrahlen, welche vom Gegenstande zum Auge gelangen, von der geraden Bahn, wodurch nach optischen Gesetzen eine Verrückung des gesehenen Bildes herbeigeführt werden muß. Über dem Wüstenboden aber, den die Sonne bescheint, sind die über einander gelagerten Luftschichten in verschiedenen Graden erhitzt, haben also auch eine ungleiche Dichtigkeit und ein ungleiches Brechungsvermögen der Lichtstrahlen. Diese letztern werden krumme Bahnen (Trajectorien nach Biot) in ihrem Laufe durch diese Luftschichten beschreiben, und da die Dichtigkeit der Luft u n t e n, wo sie am stärksten erhitzt ist, am schwächsten ist, nach o b e n aber zunimmt, so entsteht von dem Gegenstande, – nämlich dem untern Theile des Himmels, der a u f dem Wüstenrande zu ruhen scheint, – bis zum Auge eine nach unten gekrümmte Trajection und das Auge sieht ein doppeltes Bild: 1) das Bild, das durch dieselbe Luftschicht von gleicher Dichtheit in gerader Richtung vom Gegenstande zum Auge geht, also den wirklichen [Seite 141] untern Theil des Himmels und 2) das Bild von diesem Theile des Himmels, das, in verkehrter Stellung, durch die gekrümmte Linie zum Auge gelangt und u n t e r dem Wüstenrande oder in der Wüste selbst zu liegen scheint, wo es die Gestalt einer Wasserfläche hervorbringt, in welchem Wasser sich dann auf gleiche Weise das vom Wüstenrande entstandene, verkehrte Bild zu spiegeln scheint.

Die Steine, die in den verschiedenen Gegenden der Wüste, bald mehr, bald weniger zahlreich mit dem Sande vermengt waren oder auf dem Sande zerstreut lagen, waren meistens abgeplattet-kuglige, zwei bis vier Zoll dicke Geschiebe von Quarz, Feuerstein, Hornstein, Achat. Unter ihnen herrschte besonders ein gelblich-bräunlicher in Achat und Onyx übergehender Hornstein vor (s. S u e z N r . 1 im Museum zu Leyden), der sich durch concentrisch-rund um den Mittelpunkt laufende, abwechselnd hellere und dunklere bandförmige Streifen auszeichnet.

Der letzte, westlichste Theil des „Thales der Verirrungen", [40] den wir durchschnitten, war viel unebner, wellenförmig-hügliger, als alle frühern, doch senkte er sich im Allgemeinen zum tiefer liegenden Nilthale herab. Er blieb in seiner Beschaffenheit den vorigen gleich, nämlich eben so kahl wie diese – und erst als wir diese nord-östliche Vorstadt von Cairo hindurch gefahren waren und aus dem Wirrwarr von elenden aus Erde gebauten Hütten (eigentlicher Höhlen), woraus diese besteht, in's Frankenquartier der Stadt, wo größere Wohnungen standen, gekommen waren, da sahen wir, zum ersten Male seit 22 Tagen, seitdem wir Ceylon verlassen hatten, wieder süßes Wasser, –

wirkliches Wasser! – und erblickten zur Seite des gegrabenen Kanals, den dieses Wasser erfüllte, zum ersten Male wieder [Seite 142] Bäume, – grüne Bäume! – Wir befanden uns im fruchtbaren Thale des Nil und hielten um 7½ Uhr des Abends (am 12ten October) vor dem Oriental-Hotel in Cairo still (siehe Fig. 18).

Ich hielt mich vom 12ten October an bis in den Abend des 21sten, also neun Tage lang in der Hauptstadt von Egypten, der Residenz des Pascha-Vicekönig's, auf, unterlasse es aber, mich in eine vollständige Beschreibung von Cairo einzulassen, da es, so ziemlich in allen Sprachen, schon genug beschrieben ist.

Jedem Passagier mit der Landpost ist die Freiheit gelassen, die Reise entweder sogleich nach Alexandrien fortzusetzen oder eine Zeit lang hier zu bleiben und einen der folgenden Transporte, die von Bombay aller 14 Tage anzukommen pflegen, abzuwarten und dann mit den Passagieren dieser spätern Transporte seine Weiterreise, auf kleinen Dampfschiffen den Nil herab, nach Alexandrien zu verfolgen. Die Passagescheine bleiben so lange gültig. Das Gepäck der Reisenden, das ohne deren Bemühung von Suez nach Cairo auf Kameelen angebracht wird, bleibt dann so lange in den Packhäusern zu Bulak deponirt. In diesem Dorfe, welches eine Stunde von Cairo entfernt, am östlichen, rechten Nilufer liegt, fand ich schon am Abend des folgenden Tages meine Kisten, zu denen mir der Zugang auf das Bereitwilligste gestattet wurde, um Bedürfnisse, die ich nöthig hatte, herauszunehmen.

Fig. 18.   Lith. Anst. v. J. G. Bach, Leipzig.

Wenn man das platte Dach des Hotels betritt oder den Berg der Citadelle, den höchsten Punkt in ganz Cairo, – oder das Minaret einer Moskee ersteigt und sich auf die Gallerie, die rund um diese Thürmchen läuft, begiebt, so kann man einen großen Theil der Stadt und von der Citadelle aus sogar g a n z Cairo mit seinen Umgebungen, – dem angränzenden Nilthale in Westen bis Norden, und der Wüste in Osten und Nord-Osten, – überschauen. Man sieht dann über ein Chaos von niedrigen, doch meist zweistöckigen, oben platten Häusern hin, die viereckigen Kasten mit dunklen Löchern, den Fensteröffnungen, gleichen und die eine eben so schmutzig-braune Farbe haben, wie die angränzende Wüste. Viele davon sind nur aus Erde (Nilschlamm) erbaut und als einst vor 20 Jahren ein Regenschauer fiel, was hier eine große Seltenheit ist, so lief die halbe Stadt große Gefahr, in Schutt zu versinken, nämlich in Wasser aufgelöst zu werden und die Bewohner flüchteten aus ihren Häusern. Nur hier und da schimmert ein besseres, weiß angestrichenes Haus aus dem Wirrwarr der übrigen hervor oder erhebt eine aus Stein erbaute Moskee ihre Minaret's. Das größte Privathaus in der ganzen Stadt ist das Hotel (Fig. 18), in dem wir abgestiegen sind. Es liegt im nord-östlichen Theile der Stadt und hat die Aussicht über die Gartenanlagen des Platzes Esbekieh, an die es gränzt. Dies ist der öffentliche Spaziergang der Bewohner von Cairo, wo sich die Türken des Abends unter den Bäumen mit Lautenspiel und Kaffeetrinken belustigen. Man erblickt daher hier das Grün von Bäumen und Sträuchern, fühlt aber auch den Nachtheil, den die Nähe des Wassers, der gegrabenen Kanäle, welche Esbekieh umzingeln, hat, nämlich Schwärme von Mosquiten, die auch im Innern des Gasthofes nicht fehlen. In allen übrigen Theilen der Stadt ist nirgends einiges Grün zu entdecken, außer den mehr grauen als grünen Wedeln der Dattelpalmen, die hier und da sehr vereinzelt über die Mauern hervorragen. Der Anblick über das Ganze, so wie es daliegt im blendend hellen Scheine der Sonne, wenn man es von einer Anhöhe herab beschaut, ist denn auch mehr eigenthümlich als schön. – Und wenn man sich in das Innere der Stadt begiebt und die engen Gassen durchwandert, die gewissermaßen nur Spalten zwischen den Häusermassen sind und [Seite 144] deren Bewohner ihren Nachbarn gegenüber die Hand zureichen können, so stößt man auf den buntesten Wirrwarr, den man irgendwo erblicken kann. Man sieht die engen Kanäle (Gassen) vollgepfropft von Arabern, Türken, Griechen, Kopten, Juden, Malthesern, Franzosen, alle in ihrer Nationaltracht durch einander fluthend. – Kaufleute mit Datteln und andern Herrlichkeiten und Dutzende berittener Esel drängen sich durch's Gewühl hindurch, das an den schmalsten Stellen oft ganz in's Stocken geräth, so daß man weder vorwärts, noch rückwärts kann, – und wenn dann noch ein Kameel mit seiner Last ankommt, das a u c h hindurch will, ob es gleich den ganzen Raum der Gasse beinahe allein einnimmt, über deren Gewimmel es mit seinem riesenmäßigen Halse hoch hinwegschaut, so läuft man große Gefahr, zerquetscht oder zertreten zu werden. – Dessenungeachtet, als ob die Gassen nicht schon an und für sich selbst eng genug wären, erblickt man überall die Kaufwaaren in Ballen, Körben, Kisten, auf Tafeln und Gestellen vor den Thüren zur Schau ausgestellt.

Ihrem Verlaufe nach bilden die Gassen das größte Labyrinth, das man sich denken kann, sie drehen sich zu hundert Malen, – rechteckig – in den verschiedensten Richtungen hin und her, – bald werden sie breiter, bald wieder schmäler, – bald machen sie endlose winklige Gänge und kommen dann wieder auf denselben Punkt zurück – oder sie theilen sich in zwei bis drei Gassen und diese endigen sich, nachdem sie die wunderbarsten Biegungen, jederzeit in rechten Winkeln, gemacht haben, blind, so daß der Reisende, nach viertelstündigem Wandern keinen Ausweg findet, wieder zurückkehren muß, – und daß ein Wegweiser durch die Stadt einem jeden Fremden, der nicht in der Irre herumlaufen will, unentbehrlich ist. Das schmutzigste Quartier mit den allerschmälsten, oft ganz überbauten Gassen, mit den wunderlichsten Schlupfwinkeln und [Seite 145] schiefen Häusern, die den Einsturz drohen, ist das der Juden und aus diesen Gründen wohl besehenswerth. – Manche Theile der Stadt, wo die Häuser theils eingefallen, theils, zum Breitermachen der Straßen, eingerissen sind, liegen ganz in Schutt. – Etwas besser schon ist das Quartier der Kopten, noch besser das der Franken (europäischer Christen), deren größte Zahl hier in Cairo Franzosen sind. Unter diesen findet man besonders Krämer, Schenkwirthe, Halter von Billard- und Kaffeehäusern, Kleiderkünstler, Professoren der Haarschneidekunst und Buchhändler. Viele Franzosen befinden sich im Dienste des Pascha als Offiziere oder Beamte und tragen alsdann das gewöhnliche egyptisch-griechische Kostüm, dessen Kopfbedeckung eine rothe Kappe mit einer großen Troddel von blauer Seide ist.

Das Hotel d'Orient, in dem Theile des Frankenquartiers gelegen, der an den schon oben genannten Spaziergarten gränzt, ist ein geräumiges, vierflügeliges, rund um einen innern, viereckigen Hofraum laufendes Gebäude von drei Etagen, das luftige und reinliche Zimmer enthält. Auch findet man daselbst eine Anstalt, um warme und kalte Bäder zu gebrauchen, für deren jedes man drei Franken bezahlt, – ein Lesekabinet – einen großen Speisesaal, aber eine schlecht besetzte Tafel, auf welcher die Hauptspeisen Hühner- und Hammelfleisch, nebst in stinkendem Fett gedämpftem Reis waren. Die Kost war überhaupt sehr schmal und stand, nach meinem Geschmacke, u n t e r der inländischen Kost der Javaner. Der Gastwirth war ein Franzose (Coulomb, frères). Der tägliche Preis für Kost und Wohnung betrug 10 Francs (8 Schilling oder 4 indische Rupien), für eine Fahrt mit dem Wagen, wenn diese auch noch so kurze Zeit dauerte, bezahlte man 15 Francs (12 Schilling oder 6 Rupien) und für einen Dragoman, einen Türken oder Griechen, der Französisch versteht und als Dolmetscher oder Wegweiser dient, [Seite 146] 5 Francs (4 Schilling oder 2 Rupien) täglich. Ein Dutzend Stück Wäsche kostet 2½ Francs.[41] Spottwohlfeil aber waren die E s e l, die denn auch zu dem gewöhnlichsten Transportmittel in der Stadt und deren Umgebung dienen und die mit eben solchen dicken, unbehülflichen Sätteln, wie zu Aden, angethan, gewöhnlich zu Dutzenden auf dem Platze vor dem Hotel bereit standen.

Die zu Cairo ansässigen, europäischen Herren, die ich kennen lernte, hatten fast alle mehr oder weniger inländische Gewohnheiten angenommen, sie saßen nicht auf Stühlen, sondern auf niedrigen, breiten Ottomanen, manche auf türkische Art mit untergeschlagenen Beinen, – und rauchten aus langen türkischen Pfeifen, die, von einem Diener schon angesteckt und dampfend, auch uns Gästen angeboten wurden. Manche hielten auch ihren Harem und blieben Christen, wie zuvor. Bei solchen Besuchen hatte ich Gelegenheit, in Erfahrung zu bringen, daß die Wohnungen im Innern doch gewöhnlich viel besser eingerichtet, – reinlicher, wohnlicher, zierlicher und schöner meublirt waren, als man nach ihrem äußern, kahlen und schmutzigen Ansehn hätte erwarten sollen. Die meisten und fast alle von den größern Gebäuden waren vierflügelig und umschlossen einen innern Hofraum, in dessen Mitte sich, oft von einem Paar Bäumen beschattet, ein Brunnen (Cisterne) befand. Um diesen, allen neugierigen Blicken von außen völlig unzugänglichen, Hofraum liefen, wenigstens auf der obern Etage, zierliche offene Galerien herum, in denen sich die Fenster der Zimmer öffneten, während die Außenseite der Häuser nach den Straßen zu nur aus kahlen Wänden bestand. Hier und da sah man auch Luxus, – Fluren und Galeriesäulen waren oft von Marmor und der Boden vieler Zimmer war getäfelt.

[Seite 147] Eine dankbare Erinnerung für zuvorkommende Gefälligkeiten, die ich genoß, knüpft sich an die Namen: de Champion (östr. Consul), Annibal Petracchi, Leop. de Rossetti (Spanier), Dr. Bruner-Bey, ein Bayer, Dr. Gaëtani-Bey, ein Spanier, war Leibarzt von Mehmed Ali und Dr. Klot-Bey, ein Franzose, von Ibrahim Pascha

Die hauptsächlichsten Sehenswürdigkeiten Cairo's und seiner Umgegend sind: verschiedene schöne Moskee'n, die ein jeder gute Christ besuchen darf, wenn er nur seine Schuhe im Vorportale ausziehn will, – die sogenannten Gräber der Khalifen, – die Gräber der Mammeluken, – einige

Wasserleitungen auf hohen Bögen, – der Nilmesser auf der Insel (Geziret) el Rudah, Alt-Cairo gegenüber, – die weitläufigen Gartenanlagen und der Palast von Chabra (Schubra), wo Ibrahim Pascha wohnt, am Ufer des Nil zwischen Bulak und Alt-Cairo, – der Obelisk von Mataria (oder Matarieh), nord-ost-wärts ein Paar Stunden von der Stadt, an der Karavanenstraße nach Suez, wo die Ruinen von Heliopolis liegen, – der sogenannte versteinerte Wald, nämlich verkieselte (dicotyledonische) Baumstämme, der Tertiärformation angehörig, in einer drei Stunden von der Stadt entfernten Gegend der Wüste. – Ich will jedoch nur zwei Gegenstände einigermaßen näher hervorheben, die Citadelle und die Pyramiden.

Die Citadelle liegt am süd-östlichen Ende der Stadt auf einem mehre hundert Fuß hohen Felsberge, der sich auf drei Seiten isolirt aus der Fläche erhebt. Nur in Süd-Ost hängt er durch einen etwas tiefern Einschnitt mit dem letzten ziemlich schroff gesenkten Nord- oder Nord-West-Ende des Gebirges zusammen, das den Nil in seinem Laufe auf der Ostseite begleitet und das wegen der steilen, mauerartigen Senkung, die es auf der rechten Seite, nach dem Nilthale zu, bildet, von Cairo an, Tagereisen weit den Namen [Seite 148] Dschebel Mokattam (steile Felswand) trägt. Außer den sehr alterthümlichen Festungswerken selbst, den Kasernen und einigen tiefern Brunnen, ist die neue prachtvolle, sehr hoch gewölbte Moskee sehenswerth, welche Mehmed Ali auf dem höchsten Scheitel des Bergs, im Innern der Festung, hat erbauen lassen, und außerdem die Wohnung von Mehmed Ali selbst, die sehr bescheiden ist und in keinem Verhältniß steht zu dem, wenn auch von außen nicht schönen, Palaste seines Harem's, der sich ebenfalls, nebst noch andern Wohnungen oder Palästen, in der Festung befindet. Ibrahim Pascha regierte damals schon, Mehmed Ali hatte abgedankt und galt für blödsinnig. Man sah ihn in einem Zweispänner oft in der Stadt spazieren fahren und die Umstehenden höflich grüßen. Seine Diener machten keine Schwierigkeiten, mich während einer solchen Abwesenheit ihres Herrn in seinem Palaste herumzuführen, der nur ein einstöckiges, ziemlich niedriges Haus war. Selbst in sein Schlafgemach wurde ich gebracht. Die Zimmer sehen ziemlich gut aus, doch war die Pracht, die man erblickte, für einen König von Egypten – den Nachfolger einer K l e o p a t r a – nicht groß. Sie waren übrigens bequem eingerichtet und auf türkische Art mit niedrigen, breiten Bänken versehen, die an den Wänden rund um das ganze Zimmer liefen. Ein Überfluß von seidenen Kissen bedeckte diese Bänke. Auch ein Billard war in einem der Zimmer vorhanden. Mehr, als die Besichtigung dieser Gebäude aber, belohnt den Reisenden die Aussicht, die er von der Citadelle, diesem höchsten Punkte der Gegend, aus gewahrt, für die Mühe der Besteigung. Wenn ich nicht irre, so ist das Telegraphenthürmchen der höchste Punkt des Festungsberges. Man sieht von dort weit über die Stadt hin, in die Wüste hinein, nach Ost und Nord-Ost, wo man mit dem Fernrohr, in der Nähe von Heliopolis, den zweiten Telegraphenthurm [Seite 149] erblickt; im Westen liegt das Nilthal, von dem ich aber nur einen bräunlichen Wasserspiegel sah, der sich weit nach Norden in das Delta hineinzog. Es war die Zeit der Überströmung und schon in einer Entfernung von ¾–1 engl. Meile vom westlichen Theile der Stadt fing der Wasserspiegel an, der den ganzen Raum erfüllte bis an den gegenüberliegenden Wüstenrand, worauf sich in West-Süd-West von der Citadelle, zwei schräg hinter einander stehende, spitze Hügel erhoben, die, wenn man sie einmal gesehen hat, nie wieder aus der Erinnerung verschwinden. Es waren die beiden Pyramiden von Gizeh, die ich erblickte. Bis zum Fuße des erhöhten Wüstenrandes, auf dem sie stehn, war das ganze Nilthal nur e i n e Wasserfläche, ein bräunlich-gelber Spiegel, auf dem eine

Anzahl langer, streifenförmiger Inseln zu schwimmen schienen. Dies waren die Dörfer, – und die vereinzelten Dattelpalmen, die sich auf diesen Landstreifen, neben oder in den Dörfern, erhoben, waren das einzige Grün, das man in der Landschaft sah, so weit das Auge reichte. Nackter, falber Sand und ein an Farbe diesem fast gleicher, gelblich-trüber Wasserspiegel war fast Alles, was ich von dem so gefeierten Egypten sah. Die ganze Landschaft war kahl und so weit das Auge reichte, jene Dattelpalmen ausgenommen, die in streifenförmigen Reihen aus dem Wasser hervorragten, ohne Grün. Aber je einförmiger der ganze Umkreis war, desto deutlicher fielen die Pyramiden in's Auge und blickten als Denkmäler, die der Vergänglichkeit trotzen, von ihrem Wüstenrande so stolz über den neun englische Meilen weiten Raum[42] herüber, daß, mit ihnen verglichen, die Inseln im Wasser und die Gebäude der Stadt in ein kleinliches Nichts versanken und man sich leicht in der Schätzung der Entfernung irrte. – Sie sind der [Seite 150] Gegenstand, auf dem das Auge des Fremden zuerst haftet, da man sie nicht nur überall vom Nilufer aus, sondern auch vom Dache eines jeden höhern Gebäudes in Cairo erblickt. Man hält sie anfangs für kleiner, als sie sind, weil man die Entfernung zu gering anschlägt und weil alle andern hohen Gegenstände, die zur Vergleichung dienen könnten, in der Landschaft fehlen.

Um die Kolosse in der Nähe zu betrachten, begab ich mich am 15ten October des Nachts um 3½ Uhr in Begleitung eines Dragoman auf die Reise. Wir setzten uns auf unsre Esel und ritten durch die engen Straßen der Stadt, von denen nur eine belebt und mit einer Art von Kronleuchtern beleuchtet war, die von quer über die Straße ausgespannten Tauen herabhingen. Es wurde hier eine Hochzeit gefeiert, es wurde geschmaust und gespielt. Alle andern Straßen waren einsam und todtenstill. Der Mond aber schien so hell gegen die kahlen Mauern der oft klosterartigen Gebäude an, daß es auch in den schmalsten Gassen hell genug war, um ohne Straucheln fortkommen zu können.

Wir erreichten nach einem halbstündigen Ritt durch die Stadt, die in einem tiefen Schlummer lag, das Thor Bab el Seydeh, wo uns augenblicklich eine Wache entgegentrat.

Wie sich in dem Mährchen von Tausend und eine Nacht die Thore bezauberter Burgen öffnen, sobald der Glückliche, der das Geheimniß kennt, das rechte Wort ausgesprochen hat, so geschah es auch hier. Ich sprach nur leise das Wort Derbiel Gamiez (dessen Bedeutung ich gar nicht kannte), – und die Pforte Bab el Seydeh flog knarrend in ihren Angeln vor mir auf. Die Wache trat respectvoll zur Seite und wir schritten zum Thore der Stadt hinaus. Es war nämlich das Wachtwort, das ich vom Befehlshaber der Citadelle erhalten hatte, und das ich dem commandirenden Offizier der Thorwache ganz leise in's Ohr flüstern mußte.

Wir verfolgten nun unsren Weg auf sandigem Grunde zwischen Gartenmauern und anderm Gemäuer, ritten durch den Thordurchbruch unter einer sehr hohen und schmalen Wasserleitung hin, die nur von sehr schmalen, nicht bis zum Grunde reichenden Öffnungen, wie von hohen Bogenfenstern durchbrochen war und setzten unsre Reise dann von Neuem in Winkeln hin und her, zwischen den kahlen Mauern von Gärten fort, über welche, im Mondlichte glänzend, hier und da der Wipfel einer vereinzelten Dattelpalme herüberblickte. Die Wasserleitung ist die Ruine eines sehr alten Werkes, das aber auch jetzt noch dient, um die Citadelle mit Nilwasser zu versehn und sich fast 3000 Meter weit von West nach Ost hinzieht.

Wir kamen ein Viertel vor 5 Uhr am rechten Nilufer an, im Flecken Masr el Antikah, gewöhnlich Alt-Cairo genannt, und suchten uns eine von den vielen Barken aus, die am Ufer lagen. Wir befanden uns oberhalb, südwärts, von der sogenannten Herodes-Insel, Geziret el Rudah, die mit den Gärten und Gebäuden des Ibrahim Pascha bedeckt ist und auf ihrer Südspitze den Nilmesser trägt. Hier schifften wir uns mit unsern zwei Eseln ein und kamen nach viertelstündigem Rudern über den daselbst etwa drei Viertel engl. Meilen breiten Nil im Dorf el Gizeh an, am linken Ufer, das wegen seiner höhern Lage eben so wenig, wie das rechte, in dieser Gegend überschwemmt war. Wir vertauschten die Barke nun wieder mit unsern Eseln, kamen durch ein Campement von Cavalleristen, die in niedrigen Zelten wohnten oder ganz im Freien auf dem Sande umherlagen, neben ihren Pferden, welche mit Sätteln und Allem angethan, ebenfalls in freier Luft campirten, nämlich auf türkische Art mit den Füßen angebunden waren an kurzen Pfählen, die [Seite 152] im Sande staken. Wir ritten dann auf schmalen, oft sehr schlammigen Dämmen hin zwischen Feldern, die unter Wasser standen, bis nach 5½ Uhr die mehr und mehr vom Wasser eingeengten Dämme zwangen, wieder eine Barke zu besteigen und unsre Reise bald in tiefen, schlangenförmigen Kanälen zwischen fruchtbaren Feldern von Reis und Mais, die nur zum Theil überschwemmt waren, – bald in dem untiefen Wasser über die inundirten Felder selbst fortzusetzen. Um 6½ Uhr kamen wir rudernd zwischen zwei Dörfern mit viereckigen Steinhäusern hindurch, Thormes und Saft, von deren Straßen viele ganz unter Wasser standen, eben so wie die Dattelpalmen, wovon hier ganze Wälder zu sehen waren. Ihre Stämme, die man in Beziehung zur Kleinheit des Baumes dick nennen konnte, ragten wie graue Säulen empor und waren ganz vom Wasser umfluthet. Ihre Wipfel aber, die mit goldgelben Fruchttrauben überladen waren, blickten freundlich auf den Spiegel des Wassers herab, gleichsam dankbar für den fruchtbaren Schlamm, den dieses Wasser auf dem Boden absetzt. – An andern Stellen, wo das Wasser schon wieder abgezogen war, sah man die Stämme auf dem Schlamme selbst sich erheben, der eine ganz ebne, gelblich-braune Oberfläche bildete. Indem wir so bei nächtlicher Weile unsre Wasserfahrt fortsetzten und uns den westlichen Gegenden des Nilthales mehr und mehr näherten, wurden die überschwemmten Gegenden immer größer, flossen mehr und mehr zusammen, so daß wir bald nur einen meilenweiten S e e vor uns erblickten, in dem die Dörfer und die Landstreifen, auf welchen Dattelpalmen standen, nur noch isolirte Inselchen bildeten. An allen diesen über das Wasser hervorragenden Stellen war grünes Gras und das Grün der Dattelpalmen sichtbar, außerdem aber sah man ringsherum nichts, wie den Spiegel des bräunlich-gelben Wassers, das bis an den Fuß der [Seite 153] Wüstenterrasse, weit von hier in West und Süd-West, reichte. – Zwischen den inselförmigen Dörfern, die durch Erdwälle vor der Überströmung geschützt waren und den schmalen Landstreifen und Dämmen, die hier und da ein bis zwei Fuß hoch aus dem Wasser hervorragten, war die Strömung so stark, daß wir oft vergebens ankämpften und unsre Barke mehr als einmal Gefahr lief, umgeworfen zu werden oder zu scheitern.

Fig. 19. Lith. Anst. v. J. G. Bach, Leipzig.

In der Ferne sahen wir den breiten Bergrücken, der die Wasserfläche auf der Westseite begränzt; er erhob sich wie eine Stufe, die oben flach und ausgebreitet ist und von seinem Rande in Süd-West blickten die Pyramiden herab. Sie erschienen in ihrem nächtlichen Kleide schwärzlich-grau von Farbe, mit Ausnahme der einen Seite, die, vom Monde beschienen, hellgrau war und weit in die Ferne schimmerte.

Wir kamen näher, sie wurden größer. Als endlich die Sonne über der Wüste aufgegangen war und ihre ersten Strahlen auf die Steinkolosse warf, da fing die eine Seite derselben an, in einem gelblich-falben Lichte zu erglühen, während die andere Seite noch in tiefem schwärzlich-braunen Schatten lag, – und diese Licht- und Schattenseiten standen so grell einander gegenüber, sie waren durch so scharfe Gränzlinien von einander getrennt und eben so grell, mit eben so scharf gezogenen Linien, von dem hellen Blau des heitren Himmels hinter ihnen abgeschnitten, daß wir anfingen, außer von der Heiterkeit des egyptischen

Himmels, allmählig auch von der Größe der Pyramiden eine richtigere Vermuthung zu bekommen. – Sie warfen zwei unabsehbar lange schwarze Schlagschatten hinter sich hinaus, zwischen denen der Sonnenschein, indem er zwischen den beiden Pyramiden hindurch auf die Wüstenplatte fiel, einen schmalen Streif bildete.

Man werfe einen Blick auf die kleine Ansicht Fig. 19, [Seite 154] welche die Pyramiden so darstellt, wie ich sie zwischen 7 und 7¼ Uhr in Süd-West erblickte, ehe wir das Dorf Kafrah erreichten. Sie lagen etwa noch drei englische Meilen von uns entfernt. Ich habe mich bemüht, die scheinbaren Größenverhältnisse, das Grelle der Beleuchtung und das eigenthümliche Kolorit sowohl der Pyramiden und des Wüstenrandes, als auch des Nilwassers so getreu wie möglich nachzuahmen. Man sieht, daß mit nur geringen Nüancen fast alles falb, bräunlich-gelb ist und daß nur Dattelgrün und Himmelsbläue einige Verschiedenheit von Farbe in die Scene bringen.[43]

Der Mangel aller Verzierungen, die einfache Form der Denkmäler, so wie auch der einförmig-flache Charakter des umringenden Landes, wo man vergebens nach Gegenständen zur Vergleichung sucht, bringen in der Beurtheilung der Größenverhältnisse der Pyramiden eine ungemeine Täuschung hervor. Man hält sie für viel kleiner, als sie wirklich sind, glaubt, daß sie viel näher liegen und kann sich nur mit Mühe überreden, daß diese plumpen Körper höher, als der Dom von Antwerpen sein sollen. Sie scheinen dem Reisenden anfangs nur 70–100 Fuß hoch zu sein und es ist einige Zeit dazu nöthig, bis der Eindruck ihrer Größe seine volle Höhe erreicht hat.

Fig. 20.   Lith. Anst. v. J. G. Bach, Leipzig.

[Seite 155] Erst als wir näher kamen, als unten am Strande, am Fuße der Terrasse, worauf oben die Pyramiden standen, Menschen sichtbar wurden, – als wir diese Menschen nebst den Kühen, die sie vor sich her trieben, nur wie kleine schwarze Punkte zu erblicken vermochten, die sich dem Strande entlang bewegten, und als auch die Dattelpalmen, obgleich sie uns doch so viel näher lagen, noch so winzig klein blieben, während man schon am Saume der Pyramiden den Treppenbau und die einzelnen Steine zu erkennen vermochte, – da fingen sie an, uns durch ihre einfache Größe zu imponiren! – Wie kolossal, dachten wir, müssen diese Steinwürfel sein! Und hätten wir den Dom von Antwerpen neben die Pyramiden setzen können, wie würden wir erst über die ungeheuren Massen gestaunt haben! (Höhe der Pyramiden 450 Fuß, des Doms in Antwerpen 443½ und des Münsters in Straßburg 437½ par. Maaß.)

Wir landeten um 7½ Uhr nord-nord-ostwärts von den

Pyramiden im kleinen Dorfe Kafrah, das nur aus ganz niedrigen, viereckigen Erdhäusern bestand und durch einen ebenfalls aus Erde, Nil-Schlamm, aufgeworfenen Ringwall vor der Überströmung gesichert war. Es lag also als Insel, ohne alles Grün, ohne eine einzige Palme, mitten im Wasser. Wir bewunderten die schönen blendendweißen Zähne der Männer, die sämmtlich in lange weiße Mäntel gekleidet waren und in Menge aus ihren Hütten kamen, um uns zu sehn. Sie waren höflich und brachten ihre sehr friedsame Beschäftigung mit heraus, nämlich drehende Spindeln, die von der Hand eines Jeden an langen Fäden herabhingen. Sie spannen Baumwolle und fuhren damit so fleißig fort, als wenn sie keinen Augenblick von ihrer Zeit zu verlieren hätten. Womit sich ihre Damen beschäftigten, ist mir nicht bekannt, denn diese blieben unsichtbar.

Indem wir von Kafrah weiter durch die Wasserfläche fuhren, sahen wir noch viele Dörfer, die alle eine und dieselbe Physiognomie hatten, nämlich viereckige, platte, bald nur aus Erde gebaute, bald steinerne und dann gewöhnlich weiß angestrichene Häuser mit dunkeln Fensterlöchern, – nebst Dattelpalmen, die um sie herum standen und die sich auch zuweilen mit ihren geraden Stämmchen waldähnlich am Ufer zusammendrängten. – Alle waren Inseln in einem See und zogen sich immer kleiner, streifenförmiger werdend, bis fern an den Fuß der Wüstenterrasse hinter einander hin.

Wir erreichten diese ein Viertel nach 8 Uhr und stiegen – nach einer bald zu Wasser, bald zu Esel, bald zu Fuß fortgesetzten Fahrt von 4¾ Stunden – am Ufer unterhalb der Pyramiden an's Land.

Das Felsgehänge, das hier vor uns lag, ist von der Wüste her größtentheils mit Sand überschüttet und in Rippen von Sand verwandelt, die, nach unten breiter werdend, sich vom

Rande der Terrasse herabziehn. In den obern Gegenden des Gehänges aber sind zwischen den Rippen hier und da die Felswände entblößt und hier öffnen sich an mehren Stellen eine Menge kleiner, viereckiger in den Fels gehauener Kammern, die K a t a k o m b e n, die aber ihres Inhaltes – der Mumien – gewiß schon seit langer Zeit beraubt waren. Das Gestein, das in horizontalen Bänken liegt, ist ein bleicher, gelblich-weißgrauer, mürber, grober, sehr ungleichförmiger, leicht zerbröckelnder, tertiärer Kalkstein, der fast ganz aus zusammengebackenen fossilen Seethieren, Balanen, Korallen, Muscheln, besonders Nummuliten zusammengesetzt ist (Nummulitenkalk). Siehe Pyramiden Nr. 1 im Leyd. Reichs-Museum. Aus demselben Stein gehauen liegen hier ungeheure, würfelförmige Blöcke, die fast die Höhe eines Menschen haben, auf einander gethürmt; sie bilden einen Damm, der von Ost nach West aus dem Nilthal hinauf zu dem [Seite 157] Theile der Wand führt, wo sich die Katakomben befinden. Weiter aufwärts ist auch er mit Sand überschüttet.

Wir kamen nach viertelstündigem Klimmen um 8½ Uhr oben am Rande der Wüstenplatte an und sahen nun die östlichste der Pyramiden von Gizeh, die P y r a m i d e v o n C h e o p s, in geringer Entfernung von uns. Eine Menge Araber waren uns aus den benachbarten Dörfern des Nilthales gefolgt, Alte und Junge, deren Jeder etwas verdienen wollte. Einige boten sich an, mich beim Ersteigen der Pyramiden zu unterstützen, – andere trugen Fackeln, um diese beim Besuche des Innern der Pyramiden anzuzünden, andere hatten Trinkwasser in Flaschen und Krügen mitgenommen; – alle aber wollten sie für die Hülfe, die sie dem Reisenden aufdrangen, so theuer, wie möglich, bezahlt sein.

Ich besuchte zuerst das Innere und erkletterte nachher

den Gipfel der östlichsten Pyramide, welche für die höchste in Egypten gilt und 450 par. Fuß hoch ist. Ich enthalte mich jedoch einer Beschreibung dieses durch den Besuch großer Alterthumsforscher so bekannt gewordenen Monuments. Mein Zweck konnte nur sein, den Leser mit der **äußern Physiognomie des Landes** überhaupt und dieser Denkmäler in's Besondere bekannt zu machen. Man klettert über Haufen von Sand und zerbrochenen Steintrümmern etwa bis ein Fünftel der Höhe hinan, wo sich in der nordöstlichen Wand der Pyramide der Eingang zum Innern befindet. Über diesem Eingange war in bunten Farben die Hieroglyphenschrift zu lesen, die R. Lepsius nach seiner Ersteigung der Pyramide (am 15ten October 1842) hier hat einhauen lassen, zum Beweise, daß dem Scharfsinn wissenschaftlicher Forschung auch die Entzifferung der räthselhaftesten Zeichen möglich ist, deren mystische Unauflösbarkeit zum Sprüchwort geworden war.

Beim Besuche des Innern muß man in sehr gebückter [Seite 158] Stellung in einem langen, engen und kanalartigen Gange, dessen vier Wände aus geglätteten, polirten Steinplatten bestehen, hinabsteigen oder besser, hinabrutschen, denn der Kanal führt sehr steil und schnurgerade abwärts, und muß nachher auf einem ähnlichen glatten Grunde, auf dem es schwer ist, festen Fuß zu fassen, fast eben so hoch wieder hinaufklimmen und über mehre gefährliche Stellen auf schmalen Vorsprüngen hinwegklettern, um beim trüben Scheine der Fackeln den innern viereckigen Raum zu erreichen, der die Größe eines mäßigen Zimmers hat. Hier steht ein länglich-viereckiger Sarkophag, ohne Deckstück, einer Badewanne ähnlich, der aus einem Stücke desselben Gesteins gearbeitet ist, womit die vormals polirten Wände umher belegt sind, – nämlich aus einem schönen, großkrystallinischen Granit, der, außer röthlichem Feldspath und weißem Quarz, viel schwarze

Hornblende und keinen Glimmer enthält, also syenitartig ist (s. Museum in Leyden, Pyramiden Nr. 4[44]). – Überall sieht man die deutlichsten Spuren, daß sich frühere Reisende Stücke von diesem Gestein abgehämmert haben, das schon vor drei- bis viertausend Jahren einmal von der Hand des Menschen bearbeitet wurde, – und ich nahm mir dieselbe Freiheit.

Ich bin zweifelhaft, ob ich das Besuchen des Innern der Pyramiden oder das Ersteigen ihrer Spitze für schwieriger halten soll; letzteres verlangt mehr Kraftentwickelung, das erstere aber ist beschwerlicher, da es zum Theil in gebückter Stellung geschehen muß, im Rauche der Fackeln und zwischen Beduinen. Diese bemühen sich allerdings, es dem Reisenden so leicht wie möglich zu machen und ihn deswegen von aller unnöthigen Last [Seite 159] zu befreien, z. B. von seinen Taschentüchern, die sie ihm mit dem, was sie sonst noch kriegen können, hinten aus seiner Tasche ziehn, – aber als Fremder, – gänzlich Unbekannter, in so einsamen abgelegenen Räumen unter einigen Dutzend Banditen zu athmen, kam mir unsicherer vor, als 200 Fuß hoch in der Luft an der schroffen Wand der Pyramiden zu kleben.

Als ich in dieser Höhe angekommen war und mich ermüdet auf einem der schmalen Vorsprünge niederkauerte, als ich von da an der steilen Wand 200 Fuß tief hinabschaute und das weite Nilthal mit seinen Inseln nebst der Wüste so tief unter mir erblickte und – über mir noch 250 Fuß hoch zur obern Hälfte der Pyramide, die ich noch zu ersteigen hatte, hinansah, – da erst steigerte sich das Bewußtsein der Größe von diesen Denkmälern menschlicher Kunst zur Empfindung und es war ganz unwillkührlich, daß sich ein Gefühl der Bewunderung, des Staunens meiner bemächtigte.

Diese Empfindung spannte mich an, meinen Vorsatz zum Erklettern der Spitze nicht aufzugeben, so gefährlich und so schwindel-erregend dieses Geschäft auch war. Die würfelförmigen Steinblöcke, aus denen die Pyramiden emporgethürmt sind, waren derselbe mürbe, mit dem Hammer leicht zertrümmerbare Nummulitenkalk (Pyramide Nr. 1, Reichs-Museum), dessen ich schon oben gedachte. Die Blöcke waren drei bis vier Fuß hoch und darüber; sie waren treppenartig an einander gereiht, so daß man stets von einer Stufe auf die andre klettern mußte. Da aber die Vorsprünge nur schmal und oft nur zwei Fuß breit waren, die Wand der nächsten Stufe sich aber oftmals so hoch erhob, als die Größe eines Menschen beträgt, so würde es unmöglich gewesen sein, sie ohne Leitern zu erklettern, wenn das Gestein an vielen Stellen nicht wäre zerfressen gewesen und Lücken geformt hätte, die in den vormals scharfen Rand der [Seite 160] Treppen einschnitten, – ihn rauh, uneben und dadurch zugänglich machten. Oft mußte ich 25–50 Fuß weit auf den schmalen Vorsprüngen in einer horizontalen Richtung hinschreiten, bis ich eine zugängliche Stelle, Lücke, des Randes antraf, durch welche ich auf die höher liegende nächste Stufe gelangen konnte. Auch dieses würde nicht möglich gewesen sein ohne Hülfe der Führer, welche die zugänglichen Stellen kannten und mich im Zickzack hin und her von der einen Stufe auf die andre immer höher hinaufbrachten, bis auf die 450 Fuß hohe abgestutzte, zertrümmerte Spitze der Pyramide, wo ich noch Zeichen vom Besuche des Herrn L e p s i u s fand, wahrscheinlich dem letzten, welcher diesem Denkmal geworden.

Das Eigenthümliche, zwar weniger Schöne, aber ungemein Großartige der Aussicht, die sich von diesem[45] Standpunkte aus darbot, will ich nicht versuchen zu beschreiben; denn ich befürchte, daß mir dies eben so wenig gelingen würde, als mir die Entzifferung der Hieroglyphen gelang, die man am Fuße der Pyramide eingegraben sieht. – Zur Seite sah man nach Süd-West, West und Nord-West weit in die starre Wüste hinein, nach Süd reichte der Blick aufwärts im Nilthale bis jenseits der Pyramiden von Sakara über Memphis hinaus, – und nach Nord und Nord-Ost blickte man weit in das überschwemmte Delta hinein, über Cairo hinweg bis zu den Ruinen von Heliopolis.

Der Gedanke, auf der Spitze eines Monuments zu stehen, das sowohl das g r ö ß t e und höchste in der Welt ist, als auch das ä l t e s t e, – dessen Gründung und Bestimmung in ein mystisches Dunkel gehüllt bleibt, – das aber drei bis vier Jahrtausende an sich vorüberfliegen sah, – und von diesem [Seite 161] Denkmal herabzublicken auf ein durch Natur sowohl, als Menschenbildung so merkwürdiges, räthselhaftes Land, das die Wiege war uralter Wissenschaft und Kunst und das seit den Zeiten der Pharaonen bis zu dem Helden von der Schlacht an den Pyramiden, der Schauplatz war so mancher welthistorischen Begebenheit, – dieser Gedanke gab der Aussicht, die ich genoß, einen ganz eigenen, träumerischen Reiz, dem ich mich noch länger würde überlassen haben, wenn nicht der kalte Nordwind, der über die Spitze der Pyramide unsanft hinwegpfiff, mich an das Herabsteigen gemahnt hätte.

Ich kam mit zerrissenen Kleidern, doch unzerbrochenen Gliedern, wieder am Fuße der Pyramide an und stieg von da an einer andern, mehr südlich gelegenen Stelle des Wüstenrandes in's Nilthal hinab; ich nahm diesen Umweg, um den großen Sphinx zu besuchen, der eigentlich nur ein stehen gebliebenes Stück ist von der Felswand selbst. Man hat diese ringsherum auf die Art ausgebrochen, daß allein der Theil davon stehen geblieben ist, welcher durch weitere Bearbeitung die Gestalt erhalten hat, die schon sein Name anzeigt. Ich erkannte deutlich die horizontalen Streifen der verschiedenen Schichten, woraus die ursprüngliche Felswand bestand, – das Gebild aber war so kolossal groß, daß ich anfangs von der hintern Seite nichts sah, wie einen unförmlichen Felsthurm und mich auf der Seite des Nilthales, der Ostseite, in eine gewisse Entfernung begeben mußte, um die Züge der Figur zu erkennen, die dann um so frappanter hervortraten, je weiter ich mich davon entfernte.

Von da trat ich meine Rückreise nach Cairo an; die Reise nach den Pyramiden kostete: zwei Esel 4, – eine Barke 2, – zwei Araber, die bei der Ersteigung der Pyramide behülflich waren 4, – zwei andere, die Fackeln und Trinkwasser lieferten 2, – zusammen 12 Schilling.

[Seite 162] Nachdem in der Nacht vom 20sten bis 21sten October der Transport der Passagiere von Bombay angekommen war, mit dem ich beschlossen hatte, meine Reise fortzusetzen, begab ich mich am 21sten gegen Abend um 5 Uhr nach Bulak und schiffte mich auf dem kleinen Flußdampfschiffe ein, das diesmal nur 35 Passagiere nach Alexandrien zu bringen hatte.

Von hier schien sich bis zum Fuße des Wüstenrandes nur e i n e Wasserfläche auszudehnen, die voll von Inseln mit Dattelpalmen war. Ich warf noch einen letzten Blick auf die Pyramiden, die sich auf dem Wüstenrande erhoben und die im falben Grau der Abenddämmerung, 9–10 engl. Meilen weit, zu uns auf die T r a n s i t r o a d herüberblickten, – und überließ mich dann, nachdem unsre Dampfmaschine um 6¼ Uhr in Bewegung gesetzt war, der Zeit und dem Strome, die beide unaufhaltsam dahinflutheten. Wir trieben, oder besser, f l o g e n, von inländischen, arabischen, Lootsen geleitet, pfeilschnell den reißenden Strom hinab, der nirgends ein Ufer mehr hatte, da die ganze nun immer breiter werdende überschwemmte Fläche des Delta's nur e i n Wasserspiegel war. Bald hüllte die fallende Nacht alle Gegenstände in ihren grauen Flor und wir mußten die Lokalkenntniß des Lootsen bewundern, der, ungeachtet der weit und breit überschwemmten Ufer und, wie es schien, des Mangels aller sichtbaren Marken, dennoch das mit unglaublicher Schnelligkeit dahin fliegende Schiff im Fahrwasser zu halten wußte.

Wir schifften im westlichen Arme des Nils, der bei Rosette mündet, hinab und kamen um 4½ Uhr des Nachts oder besser des Morgens am 22sten zu Atféneh, oder Atfieh, an, in der Nähe der großen Stadt Fuah, wo wir mit unsrer Bagage in noch kleinern Barken übergeschifft wurden. Denn wir lagen hier am Eingange des schmalen künstlichen Kanales, durch den wir [Seite 163] nun bis Alexandrien weiter gebracht werden mußten. – Die Mündung des Kanals liegt nur noch 3½ geogr. Meilen von Rosette entfernt, und 1° 15' nördlicher, als Bulak, bis zu welchem Orte der gradlinigte Abstand 19 geographische[46] Meilen, die vielen großen Krümmungen des Nil aber mit in Anschlag gebracht, gewiß das Doppelte beträgt. Wir hatten also ganz Unter-Egypten (das ganze Delta) von Cairo bis in die Nähe des mittelländischen Meeres in weniger als einer Nacht durchschifft.

Es war 5½ Uhr, als uns ein kleines, seiner Form nach von den übrigen abweichend gebautes Schiff, das n u r eine Dampfmaschine mit Schrauben enthielt, an's Schlepptau nahm, um uns durch den engen Kanal zu ziehen, der für die Bewegungen eines Dampfschiffes von größerm Umfang zu klein gewesen sein würde. – Der Kanal macht von hier einen großen Umweg und geht erst wieder rückwärts in einem halbkreisförmigen Bogen nach Süden, um die niedrigen, zum Theil unter Wasser stehenden Umgebungen des See's Etku herum, ehe er sich west-nord-westwärts nach Alexandrien richtet.

Ich muß hier ausdrücklich bemerken, daß am Bord der kleinen, schmalen Flußdampfboote von Cairo bis Atféneh und in den noch kleinern Barken von da bis Alexandrien an kein Schlafen zu denken war, weil 1) der Schiffsraum so vollgepfropft von Reisenden war, daß man froh sein mußte, einen Sitzplatz an einem Tische erhalten zu können und 2) auch keine andern Räume, viel weniger Betten vorhanden waren. Essen und Trinken wurde oft gereicht oder, besser gesagt, die Tafel war die ganze Nacht hindurch gedeckt, aber auf egyptische Art; wenigstens ich dachte dabei immer an Pharao's magere Kühe, deren [Seite 164] Fleisch vielleicht noch besser würde gewesen sein, als die Herrlichkeiten, die hier aufgetischt wurden: dünner Thee, schwacher Kaffee, Reis mit stinkendem Fett angerührt, harter Schiffszwieback, magere, halb gargekochte oder gebratene Hühner, – das war so ziemlich Alles. Die Engländer aßen von diesen Leckerbissen mit musterhaftem Appetit und hielten sich auch hier, wie überall, streng abgesondert von andern Nationen, als wenn sie alle nicht britischen Menschen für Ketzer oder alle andern Völker – Franzosen, – Spanier, – Holländer ganz unwürdig ihres Umganges hielten, – eine, wie mich dünkt, nicht sehr liebenswürdige, aber von ausgezeichnetem Eigendünkel zeugende Eigenschaft. Die Franzosen betrugen sich viel mehr als Weltmänner und legten offenbar eine viel feinere, gewandtere Bildung an den Tag, als jene, auf ihre – angelsächsische oder normännische – Nationalität stolzen Söhne Old-England's. Die Römer, bis anno 1 nach Christus und noch etwas später, waren eben so hochmüthig und dachten, das «civis romanus sum» aussprechend, nicht an ihren Fall. – Was ist aus ihrem Reiche geworden? u. s. w.

Als am 22sten October der Tag graute, waren wir noch im Kanale und sahen uns von einer erbärmlich-öden

Landschaft umgeben, denn wir erblickten Nichts, wie braune Erdufer und Dämme, die hier und da mit einer ebenfalls aus brauner Erde erbauten Hütte bedeckt waren. Manche dieser Hütten waren viereckig, andere hemisphärisch von Gestalt. Sie waren nur mit einer kleinen Öffnung, nämlich der Thüre, versehen und schwerlich hoch genug, daß die Beduinen, die aus den Löchern hervorkrochen – lauter schmutzige, zerlumpte Gestalten, – aufrecht im Innern stehen konnten. Man hätte sie aus der Ferne für Bienenkörbe halten können, denen sie ihrer Form nach glichen, wenn sie nicht ein wenig größer gewesen wären.

[Seite 165] Zu beiden Seiten des Dammes, der nur selten die Spuren von Pflanzenwuchs trug, sahen wir weite kahle Flächen, die bald trocken und sandig oder noch mit feuchtem, braunem Schlamm bedeckt, bald, jedoch sehr untief, oft nur einige Zoll hoch, mit Wasser überschwemmt waren. Es gehörten diese Gegenden dem fast ganz trocken liegenden See Mariut (Mareotis) in Süd-West und dem See Etku, so wie später dem See Abukir, beide in Norden, an, von denen der letztgenannte auch fast ganz ausgetrocknet war. Die beiden letztern blieben also zur Rechten, der erste zur Linken liegen, während wir im engen Kanale von unserer kleinen Dampfmaschine dahingezogen wurden. Etwas Häßlicheres kann man nicht sehen, als diese ganz horizontalen Schlammflächen oder untiefen Wasserlachen, durch die der braune Boden überall hindurchschimmert und die, so weit das Auge reicht, auch nicht die geringste Abwechselung darbieten. Kaum, daß hier und da ein Vogel darin herumwadet. Die Luftspiegelung allein war es, welche der Landschaft einigen Reiz verlieh und hier war es in der That schwer, zu unterscheiden, wo man wirkliches Wasser oder wo nur den Schein von Wasser sah.

Der Erdwall des Kanals ging endlich in Mauerwerk über und es erschienen wieder Dattelpalmen in Gärten, die mit Mauern umgeben waren. Diese lehnten sich einem niedrigen Hügelrücken an, der sich von Süd-West nach Nord-Ost in weite Ferne hinzog. Wir sahen nämlich den schmalen, erhöhten Landstreifen vor uns, der zwischen den überschwemmten Flächen Egypten's und dem mittelländischen Meere als Bollwerk daliegt, – wir erblickten immer mehr und mehr Spuren menschlicher Kunst, – Gebäude, Pflanzungen, – und kamen um 11¾ Uhr zu Alexandrien an, das auf einem in's Meer hinausragenden Felskap dieses Bergstreifens erbaut ist.

Wir konnten von dem Ende des Kanals, wo unsre Barke anlegte, die Wanderung in die Stadt nach Belieben auf Eseln machen oder auch eine Art von Omnibus besteigen, die sich zu dem Behufe eingefunden hatten. Auch unser Gepäck wurde auf Eseln oder Kameelen in die Stadt gebracht, die viel größere palastähnliche Gebäude, zahlreichere Gasthöfe enthält, und als viel besuchter Hafenort, als der Sitz der fremden Gesandten, – als Wohnplatz vieler europäischer Kaufleute, auch ein ungleich mehr europäisches Ansehn hat, wie Cairo. Die Umgebungen der Stadt sind aber viel weniger schön, viel öder und einförmiger und bieten, außer einigen Obelisken und andern Ruinen, dem Reisenden weniger Sehenswerthes an, als die erstgenannte Stadt.

[Seite 167] III. Von Egypten bis nach Holland.

Ich hatte zu Alexandrien die Wahl, meine Reise nach Europa mit einem englischen, französischen oder deutschen Dampfschiffe nach Southampton, Marseille oder Triest fortzusetzen; ich wählte den letztern Weg und schiffte mich den folgenden Tag (23sten October) um 2 Uhr am Bord der Germania ein. Es war nämlich das Schiff Nr. XXV. von der österreichischen Dampfschifffahrts-Gesellschaft: Lloyd. Das Schiff war vortrefflich eingerichtet, selbst prachtvoll und übertraf sowohl an Glanz, als an Bequemlichkeit die englischen, auf denen ich von Singapur bis Suez gefahren war. Die Tafel war ausgezeichnet, die Offiziere und übrigen Schiffsleute waren höflich, zuvorkommend, – leider aber fehlte es an Gesellschaft; denn außer einem jungen Italiener war ich der einzige Passagier, der sich nach Germania hatte wagen wollen! – Ein Dutzend Engländer hatten allerdings wohl Lust gehabt, die Reise durch Deutschland zu machen, sich aber durch die Furcht, zwischen Windischgrätz und der deutschen Nation in die Klemme zu gerathen, davon abschrecken lassen. –
Eine solche Aussicht war für mich freilich auch nicht sehr einladend, aber heiligere Pflichten und Gefühle [Seite 168] zogen mich dorthin und stählten meinen Vorsatz, ungeachtet der Gefahr, durch politische Wirren aufgehalten zu werden.

Den 24sten durch das mittelländische Meer nach Nord-West dampfend, sahen wir kein Land; – den 25sten früh aber waren wir der Insel Candia (dem alten Kreta) gegenüber, deren hohe Gebirgszüge fast den ganzen Tag sichtbar blieben. Ihr eingerissenes durchschluchtetes Gehänge stieg steil aus dem Meere empor und erhob sich zu einem schroffen Kamm, der weißlich in die Ferne schimmerte, während das Ganze ein mehr grau-falbes, kahles, sehr steriles Ansehn hatte. Wir blieben stets zu weit vom Lande entfernt, um den Küstensaum erblicken zu können, sahen daher nichts, wie diese schroff durchfurchte, bleiche Gebirgskette, die sich Tagereisen weit auszudehnen schien. – Theils auf dem höchsten Kamme der Kette selbst, theils mehr unter diesem, sahen wir einen streifenförmigen Zug von geballten Wolken hängen, der so lang wie die Kette selbst war und unbeweglich starr am Gehänge gelagert blieb, während sich der ganze übrige Himmel durch eine vollkommene Heiterkeit auszeichnete. Dies waren die ersten Wolken, die ich seit meiner Abreise von Ceylon wiedersah.

Am Morgen des folgenden Tages (den 26sten October) war es der südliche Theil von Morea (der Pelopones), dessen mäßig hohe, in vielen Reihen hinter einander liegende Gebirgszüge wir zu unserer Rechten erblickten und am fernen Horizont zur Linken zeigten geballte Wolkenlagen, bei übrigens heitrem Himmel, das Vorhandensein von Land an der Stelle an, nämlich von Calabrien, über dessen Gebirge sie sich verdichtet hatten.

Wir fuhren zwischen 10 und 11 Uhr vor dem Meerbusen von Arkadien hin, dessen mäßig hohe Bergzüge zur Rechten sichtbar waren und näherten uns der Straße zwischen dem nördlichen Theile von Morea und der ionischen Insel Zante, deren Südküste als steile Mauer von bleicher Farbe aus dem Meere emporstieg. Wir schifften nun durch k l a s s i s c h e Gewässer und sahen den klassischen Boden von Griechenland, von dessen alter Größe aber leider nur Ruinen zurückgeblieben sind und hier und da ein Name, der wie ein verlorener Schall aus dem romantisch-schönen Alterthume heraufklingt. Zwischen 1–2 Uhr hatten wir die Hauptstadt der Insel Zante zur Linken. Wir sahen ein Chaos weißlicher, viereckiger Häuser am steilen Südfuße eines Berges liegen, an dessen Gehänge – amphitheatralisch über einander erbaut – sich noch viele Gebäude hinanzogen, während vom Scheitel des Berges selbst die Mauern der Festung niederschauten, welche die Stadt beherrscht. Nach Norden verlängert sich dieser Festungsberg in einen Rücken, der sich allmählig tiefer senkt und noch mit vielen weißen Gebäuden bedeckt ist, die aus dem Gebüsche der Oliven und anderer pyramidaler (cypressenartiger) Bäumchen hervorschimmern. Dazwischen sieht man auf geebneten Terrassen auch gelbe Streifen, die wahrscheinlich reifes Getreide sind und hinter den vordern Bergen ragt noch eine fernere, höhere Bergkette empor.

Aber viel höher als diese und in ihren Umrissen noch mehr an die Form von Kegelbergen erinnernd, sind die Gebirge der Insel Cephalonia, die uns, vorn zur Linken, allmählig näher rückte, je weiter wir zwischen den ionischen Inseln und dem Eingange zu dem Meerbusen von Corinth (dem Golf von Lepanto) dahin dampfend nach Norden kamen. Es war von 3½–5 Uhr, als wir dieser Insel auf der Ost- (Nord-Ost-) Seite vorbeifuhren. Ihre doppelten Bergzüge stiegen zu einer imposanten Höhe empor und die weißlichen Häuser und dunklen Bäume erschienen ihren bräunlichen Böschungen wie angeklebt. Sie lagen schon im Schatten der hinter ihnen stehenden Sonne und blickten düster und steil auf uns herab. – Wir hätten zwischen 5–6 Uhr [Seite 170] glauben können, uns in einem Gebirgssee zu befinden, denn wir waren ringsherum auf allen Seiten von hohen gebirgigen Ländern eingeschlossen, – hinten und zur Linken lag Cephalonia, links und vorn Ithaka, rechts die kleine Insel Atako, hinter ihr die viel höheren Gebirge von Griechenland (Akarnanien) und vorn, die Aussicht schließend, die Insel Leucadia (Sta Maura). Es war ein malerischer, schöner Anblick. Auf unserer linken Seite, wo die Gebirge im Schatten lagen, war alles bräunlich dunkel und an den Gehängen von Ithaka wechselten viereckige, bräunliche (kahle) und dunkle (begrünte) Felder mit einander ab, – aber auf unserer rechten Seite, in Ost, lächelte auf dem Berggehänge noch der helle Schein der immer tiefer sinkenden Sonne und hier konnten wir die Olivenwälder deutlich erkennen, die dem hellern (hellfalben oder bräunlich-grauen) Grunde ein grün beflecktes und betüpfeltes Ansehn gaben. Und es schien uns, daß Alles Waldige, Dunkle, das wir, selten in zusammenhängenden, größern Flecken, sondern meistens nur in mehr oder weniger gedrängten, runden Tüpfelchen (Punkten) auf den ionischen Inseln sahen, stets Olivenbäume waren. Der Boden dazwischen schien eine helle Farbe zu haben und gelblich, bräunlich-grau oder hellbraun zu sein; da, wo sich Wege befanden, erkannte man diese als weiße, gerade oder geschlängelte Linien, die sich an den Wänden hinzogen.

Die kleine Insel Atako, die uns um 5½ Uhr gerade rechts gegenüber lag, erhob sich steil als eine hellfarbige Felsmauer aus dem Meere und bildete dann einen gerundeten Bergwulst, der waldbetüpfelt war, und noch mehr so betüpfelt zeigte sich Ithaka zu unserer Linken. Wir sahen um 6 Uhr noch die weißlichen Häuser eines Dorfes, das dem Berggehänge der letztgenannten Insel angebaut war und kamen ihm so nahe vorbei, daß eine Anzahl von gelblich gefärbten Windmühlen, die theils [Seite 171] am Abhange, theils oben auf der Firste des Bergrückens ihre großen Flügel herumdrehten, einen recht sonderbaren, bizarren Effect auf uns hervorbrachten, die wir in schneller Fahrt dahinschifften.

Das nördliche Ende von Ithaka, hinter dem sich Cephalonia eben so weit nach Norden fortsetzt, lag uns um 7 Uhr zur Linken, während wir zwischen den Inseln hinaus nach Westen steuerten; zur Rechten hatten wir das Südende von Leucadia; das Meer wurde nun wieder weiter, die Ufer traten zurück und entzogen sich bald in der Dämmerung der fallenden Nacht gänzlich unsern Blicken. Das Wetter war fortwährend heiter, die Luft still.

Erfreulicher noch, als der Anblick der obengenannten Insel von mehr europäischer Physiognomie, war für mich der Eindruck der größern Kühle, die sich nun erst, am Abend des heutigen Tages, recht deutlich fühlbar machte – das Abendroth war weniger farbig, als ich es zwischen den Wendekreisen zu erblicken gewohnt war, – es sah gleichsam frostiger aus und es war mit innigem Behagen, daß ich die wohlthätige vaterländische Luft athmete!

Ich hatte nun seit meiner Abreise aus Ostindien, von Java auf der Südseite des Äquators bis hierher 45 Breitengrade durchschnitten und Gegenden durchreist, deren Naturphysiognomie mit der Annäherung an den Pol sich mehr und mehr veränderte. Es waren besonders drei Kulturgewächse, die ich in dieser Ausdehnung des Erdballes gesehen hatte, wo sie eben so eigenthümlich für die Physiognomie des Landes auftreten, als sie für die Bewohner desselben von unentbehrlicher Wichtigkeit sind: die schlanken Kokospalmen in Indien, wovon ich noch auf der Südküste von Ceylon ganze Wälder sah, – die Dattelpalmen in Arabien und Egypten – und die [Seite 172] kleinen graugrünen Olivenbäume, nebst den

Reben in Süd-Europa. – Die Kälte nimmt von jenen bis zu diesen allmählig zu, die Üppigkeit der Natur nimmt ab und in gleichem Maaße erheben sich stolzer die Werke von Menschenhand. – Errichtete K r e u z e und K a p e l l e n blicken bedeutungsvoll nieder von den bebauten Höhen, – und anstatt der üppigen Urwälder Indien's treten K i r c h e n und K i r c h t h ü r m e auf mit Glocken, gleichsam um uns den nahen Eintritt zu verkündigen in eine vierte noch nördlicher liegende Zone von Kulturbäumen, – ich meine die Obstgärten der heimathlichen Ä p f e l u n d B i r n e n.

Auf unserer Weiterreise durch's adriatische Meer sahen wir den folgenden Tag (27sten October) das hochgebirgige Land der Türkei (Epirus und Albanien), das aber oft in weiter Entfernung vor unsern Blicken verschwand und auch den 28sten waren die viel weniger hohen Bergzüge an der Küste von Dalmatien sichtbar. Wir erblickten von der großen Menge Inseln, welche dieser Küste vorliegen, des Morgens früh zuerst Busi und St. Andrea, die zur Linken und die größere Insel Lissa, die zur Rechten liegen blieb, während wir zwischen beiden hindurchfuhren.

Als ich am Morgen dieses Tages die Sonne anstatt, wie seit einem Dutzend Jahren immer, um 6 Uhr, erst um 7 Uhr aufgehn sah, als ich den Himmel, der seit meiner Abreise von Ceylon stets heiter geblieben war, zum ersten Male wieder voll von grauen Wolken erblickte und dabei die immer mehr zunehmende Kühle der Luft empfand, – kam es mir vor, als wenn Alles, was mich umgab, Luft, Wasser und Land, die Sterne des Himmels nicht ausgenommen, anfinge zu sprechen und mir in einer stummen, aber allerverständlichsten Sprache zuzurufen, daß ich mich nun an der andern Hälfte des Erdballes befände, fern, fern vom Äquator. – Besonders das späte [Seite 173] Aufgehn der

Sonne, das, die größere Annäherung an den Pol kund gebend, im nördlichen Theile des adriatischen Meeres immer mehr auffiel, war es, das einen tiefen, nicht leicht zu beschreibenden Eindruck auf mich machte.

Doch sollte ich auch hier etwas sehen, das mich lebhaft an Java erinnerte. Es waren die Berge Dalmatien's, die von des Morgens an bis in den Mittag sichtbar waren. Sie sahen dem java'schen „Tausend-Gebirge" (Gunung-Sewu), das auf der Südküste zwischen Jogiakĕrta und Patjitan liegt, so außerordentlich ähnlich, daß ein Ei dem andern nicht besser gleichen kann und daß ich mich sehr irren würde, wenn beide nicht auch ganz und gar dieselbe petrographische Zusammensetzung hätten, nämlich aus Kalkstein bestehn. So viel ich weiß, ist in Dalmatien die Juraformation verbreitet. Jene auf Java aber sind tertiärer, dichter Kalkstein, ganz von Höhlen durchzogen. Und so wie diese sind auch die Berge Dalmatien's ihrer Form nach lauter isolirte, hemisphärische Hügel und Hügelwellen, zu Tausenden neben einander liegend, alle abgerundet und durch mehr oder weniger hohe Zwischenräume mit einander zu einem Ganzen verbunden, gleich runden Höckern, Warzen auf der Oberfläche eines Körpers. Hier und da senkten sie sich in eine schroffe Küstenmauer herab. Sie lagen in einer bräunlich-fahlen, olivenfarbenen Schminke da. – Von den Bergzügen Italien's bekamen wir auf unsrer Reise durch das adriatische Meer nichts zu sehen, weil unser Cours der ö s t l i c h e n Küste entlang ging.

Ein trüber, bewölkter Himmel hatte uns gestern schon in die Nähe der Küsten von Europa eingeführt und ein echtes, europäisches Regenwetter bewillkommnete uns am Morgen des 29sten October daselbst. Es war der erste Regen wieder seit Ceylon, den wir beobachteten. Weil in der feinen Regenluft alle Signale an den Ufern unsichtbar waren, so hatten wir uns [Seite 174] schon in der Nacht genöthigt gesehen, uns vor Anker zu legen und es war schon 7 Uhr vorbei, als wir unser Schiff wieder in Bewegung setzten.

Wir befanden uns um 8 Uhr dem Leuchtthurm auf Cap Salvore (Punta di Salvore) gegenüber, – es war ein flach convexes Land, olivenfarbig mit Bäumen, Dörfern und einzelnen Gebäuden besetzt, – darauf folgte eine tiefe Bucht, worin mehre große Schiffe lagen, – dann kam ein zweites Cap mit der Stadt Pirano, die am Fuße und Abhange des vorspringenden Gebirges lag, – der Anblick des Landes und der Wohnungen, die es bedeckten, wurde immer europäischer – dann kamen wir einer zweiten Bucht vorbei, in deren Hintergrunde die Stadt Capo d'Istria lag, – wir näherten uns also immer mehr dem nord-östlichen Ende des Meerbusens zwischen dem Flachlande von Venedig und der Halbinsel Istrien – und ließen um 9½ Uhr unsre Anker fallen auf der Rhede von T r i e s t.

Da lag die prächtige Stadt. Ihre weißen Häuser und Paläste erhoben sich im Amphitheater, bis zur Citadelle hinauf, das eine über dem andern und erschienen dem olivengrünen Gebirge wie angeklebt. Noch hoch am Gehänge ragten stolze Kirchen und Klöster empor und kleine Villen zogen sich hinan bis dicht unter den Saum der lang hingestreckten Kette, die steil und schroff auf die Schiffe an ihrem Fuße herabsah. – Dieses stolze, doch freundliche Bild traf unser Auge!

Es war Sonntag – und das Erste, was unser Ohr vernahm, – seit 13 Jahren zum ersten Male wieder – war G l o c k e n g e l ä u t e! – ein so feierliches Getön aus allen Kirchen und Kapellen der Stadt, – ein so harmonischer Klang, der an sich schon mächtig, ahnungsvoll und zur Andacht stimmend, mich an die Jahre meiner Kindheit erinnerte, und mich mit einer Wonne, einer Wehmuth erfüllte, die ich nicht abzuwehren [Seite 175] vermochte. – Glückliche Jahre des Glaubens, – des unbedingten Glaubens an die H e i l i g k e i t, die sich mit diesem Geläute verband!

Es bannte mich denn auch jetzt noch durch seinen Zauber und hielt mich gefesselt an die Verschanzung des Schiffes, wo ich still-lauschend, mich noch länger den Eindrücken dieser Glockentöne würde überlassen haben, wenn die Welt nicht so voll von Contrasten wäre, und wenn nicht die D o u a n e n mich aus meiner Träumerei geweckt hätten.

Diese kamen unsre Koffer zu untersuchen, die wir öffnen mußten. Sie waren jedoch sehr höflich und bescheiden und ließen selbst einige Kisten Cigaren (sonst scharf verbotene Waare in Österreich) passiren, da wir ihnen den Beweis lieferten, daß sie nur für den täglichen Gebrauch bestimmt seien. Auch die Gesundheitsbeamten, die gekommen waren, sich nach unserm Wohlbefinden zu erkundigen, fanden es gut, daß wir keine Pest aus Egypten, sondern nur Cigaren aus Manilla mitgebracht hatten, die sie schmackhaft fanden.

Ich stieg nun in einer christlichen Schaluppe an's Land gegen christliche Bezahlung und nahm meinen Einzug in ein großes drei- oder vierstöckiges Hotel, das gewiß erst seit kurzer Zeit den Namen Hotel N a t i o n a l führte, den es, wenn ich nicht irre, jetzt (1851) n i c h t mehr führen wird.

Dreimal täglich, um 10, 3 und 9 Uhr geht von Triest ein k a i s e r l i c h e r Postwagen ab, der die Reise nach Laibach in 12 Stunden zurücklegt. Der Preis für einen Passagier mit 40 Pfund Bagage ist 7 Fl. 52 Kr. und für jede 100 Pfund Bagage mehr 2 Fl. 40 Kr. (nämlich österreichische Gulden, deren 8 auf 10 holländische gehen). Von Laibach nach Salzburg geht nur jeden Dienstag und Sonnabend, um 1 Uhr des Mittags ein Postwagen ab. An der Eisenbahn, die, um den Karst [Seite 176] zu vermeiden, von Triest einen weiten Umweg nach West machen muß (erst am Strande hin, dann über Monfalcone, Görz und Idria nach Laibach), wurde damals noch gearbeitet. Erst eine Tagereise weit, auf der andern (Nord-Ost-) Seite von Laibach, war sie vollendet und lief von Cilli bis Wien.

Ich ging den 31sten um 10 Uhr mit der Post von Triest weg. Das steile Berggehänge, an dessen süd-westlichem Fuße die Stadt liegt, zieht sich von Süd-Ost nach Nord-West der Küste entlang hin. Die Straße fängt gleich auf der Nordseite hinter der Stadt an emporzusteigen und windet sich bald in Schlangen-, bald in Zickzacklinien an diesem Berggehänge hinan, das bis hoch hinauf in Terrassen und Gärten umgeschaffen und mit Gartenhäusern geziert ist, die auf diesen Terrassen stehn. Es ist der seewärts gekehrte Abfall des K a r s tplateau's und trägt auf seinem untersten Gehänge und Fuße die Stadt.

Hier war Alles noch grün, die Matten waren mit Gras bedeckt, aber die Weinranken in den Gärten und auf den Terrassen, die Aprikosen- und andern Fruchtbäume, die dort standen, fingen doch schon an, sich zu entfärben, – denn der entblätternde Hauch des Herbstes nahte heran. Wir sahen eine Menge kleiner Steinbrüche zur Seite des Weges, in denen einige wenige Arbeiter beschäftigt waren. Man erkannte hier, daß das Gebirge vorherrschend aus einem seinen, hellgrauen Sandstein (höher oben aus Kalk) bestand, der in ½–3 Fuß dicken, gewöhnlich stark geneigten, geraden, zuweilen aber auch wellenförmig gebogenen Schichten vorkam.

Wir kamen um 11½ Uhr auf dem mehr als 1000 Fuß hohen Rande der Bergwand an.[47] Die Aussicht, die wir hier genossen, über das stolze T r i e s t mit seinen Palästen und Gartenanlagen, der Rhede mit ihren Schiffen und über das Meer [Seite 177] west-süd-westwärts, in der Richtung nach Venedig zu, war entzückend. Die Stadt lag im Süden von diesem höchsten Punkte des Weges. – Nach der andern Seite zu, nach Nord und Nord-West, ging der Rand nur sanft gesenkt in das unebene Plateau des Karstgebirges über. Plateau mag es im Allgemeinen genannt werden. Es ist eine rauhe, wellenförmig unebene Gebirgsfläche, in welcher häufig w e i ß g r a u e Kalkfelsen hervortreten und die überhaupt ein wüstes, felsig-rauhes Ansehn hat. Hier und da sieht man horizontale oder nur sehr sanft geneigte Felsplatten (Bänke), deren steil abgebrochene treppenförmige Ränder mehr oder weniger kubisch zerspalten sind. Besonders aber zeichnet sich dieses Gebirgsland aus durch die vielen kleinen, bald flach convexen oder kesselförmigen, bald mehr hemisphärischen, bald trichterförmig tiefen und steilen Senkungen, die man überall in der Oberfläche antrifft. Manche dieser Senkungen sind im Grunde flach oder nur sanft vertieft, mit fruchtbarer Erde bedeckt, mit Gemüse, mit Wein oder andern Fruchtbäumen bepflanzt, – andere, die sich schroffer hinablassen, gleichen mit den weißgrauen Felswänden, die sie umgeben, kleinen Kratern, alle aber haben sie große Ähnlichkeit mit den kesselförmigen Vertiefungen im Kalkgebirge Gunung-Sewu auf Java und scheinen entstanden zu sein durch den Einsturz der Gewölbe von Höhlen, die sich unter ihnen befanden.

Diese Übereinstimmung zwischen zwei zu verschiedenen geologischen Formationen gehörenden Gebirgen ist bemerkenswerth. Doch fehlen dem Karstplateau (das aus Jurakalk besteht) jene Tausende von hemisphärischen Hügeln, womit die Oberfläche des – tertiären – Gunung-Sewu auf Java besetzt ist. – Diese rauhe Gebirgsplatte war nur mit einer spärlichen Vegetation bedeckt, – nämlich mit Gebüsch und mit kleinen Bäumen, unter denen eine 10–20 Fuß hohe Eiche (Quercus [Seite 178] Cerris *L.*) am häufigsten war. Die baumartige Haide (Erica arborea *L.*) war nicht selten. Hier und da kamen liebliche Grasplätze zwischen diesen niedrigen Bäumen oder zwischen den kahlen Felsplatten und Felshöckern vor und von Zeit zu Zeit traf man ein Dörfchen oder ein kleines Gehöfte an.

Erst später, von 12 oder 1 Uhr an, ebnete sich die Gegend, die grünen Triften dehnten sich mehr und mehr aus, die fruchtbaren Felder, die Gärten nahmen an Umfang zu, – die Weinhecken wurden zahlreicher und die hübschen Dörfer häufiger, welche gute, steinerne Häuser hatten. Gewöhnlich lagen diese mehr bebauten Gegenden in sanften Vertiefungen, flachen Mulden der Bergplatte, in denen sich vorzugsweise die fruchtbare Erde schien angehäuft zu haben und diese kleinen Kesselthäler der Platte zwischen den Anhöhen, die übrigens nicht mehr so vorherrschend felsig waren, als in der Nähe von Triest, waren reich bebaut. Mein Auge weilte mit Entzücken auf diesen sanften Thalgründen, die den Reisenden um so freundlicher anlächelten, je starrer, felsiger oft die nächste Umgebung ist. Außer den wildwachsenden Bäumen, namentlich den Eichengebüschen und den überall häufig angepflanzten Reben sah ich hier zum ersten Male wieder Kirschen- und Äpfelbäume! – O, wie schön kamen sie mir vor, als ich sie nach einer 14jährigen Trennung zum ersten Male wiedersah und als ich ihnen im Stillen zurief: seid mir gegrüßt ihr alten vertrauten Gestalten, – denn mit Euch fängt meine Heimath an. – Daß ihre Blätter schon anfingen, sich zu entfärben, daß der nordische Herbst aus vielen schon zum Theil entlaubten Gebüschen hervorguckte, – das gab ihnen einen desto größern Reiz. Denn ich konnte ihren Anblick gleichsam nur genießen, indem sie entflohen, – die Zeit war kurz, – der Winter nahte. – Später erschienen Hagebutten (Rosa canina) u. s. w. Willkomm! – Evonymus europaeus trat auf, mit dessen

Früchten ich als Kind die Rothkehlchen gefüttert hatte, – [Seite 179] Brombeeren (Rubus-Arten) erschienen und ich rief ihnen zu: Ihr alten Bekannten, von Herzen willkommen!

Der Leser wird vielleicht lächeln, wie diese so wenig geachteten, europäischen Sträucher mich so zu entzücken vermochten, – und doch kann ich im Ernste versichern, daß ich nie in meinem Leben eine größere Freude empfunden habe, wie damals, als ich die stummen Gefährten meiner Jugend seit so langer Zeit zum ersten Male wiedersah.

Die Formen von Berg und Thal wurden immer sanfter, die Felder immer größer und schöner, die grünen Triften immer ausgedehnter und die Heerden zahlreicher, die auf ihnen weideten. Liebliche Dörfer mit weißen Mauern und rothen Dächern sah man in den Gründen und braune schon halb entblätterte Eichenwälder auf den Höhen. Wir näherten uns immer mehr, in der Richtung nach Nord-Ost, den so fruchtbaren, schönen Gegenden des mittlern K r a i n, den sogenannten Julischen Alpen.

Um 3 Uhr wurde im Dorfe Prewald Halt gemacht und zu Mittag gespeist. Das Essen war gut und kräftig und hätte die Tafel mancher großen Hotels einer Hauptstadt beschämen können. Ein hoher kahler Felsberg von weißlicher Farbe steigt in der Nähe des Dorfes empor. – Später kamen wir durch Adelsberg, befanden uns also in der Nähe der berühmten Adelsberger Höhle und des noch berühmtern Zirknitzer See's, die wir aber leider wegen Mangel an Zeit und wegen des feinen Regens, der schon seit 3 Uhr anhaltend bis spät in die Nacht herabrieselte, nicht besuchen konnten.

Wir kamen eine halbe Stunde vor Mitternacht in L a i b a c h an. Ich verweilte in dieser Hauptstadt des nördlichen Krain bis zum 4ten November. Sie liegt zwischen den Zügen der Julischen Alpen in dem ausgedehnten flachen Thalgrunde der Sau, von schönen, grünen Wiesenflächen und fruchtbaren Feldern umgeben. Die ganze Gegend ist schön, romantisch und durch viele [Seite 180] Naturmerkwürdigkeiten ausgezeichnet. Ich überließ mich dem Genuß, den mir der Anblick gewährte der grünen Wiesenflächen, die man nirgends zwischen den Tropen sieht, – der Thalgründe, die sich zwischen Bergzügen dahin schlängeln, – der Dörfchen und einzelnen Mühlen, die sie hier und da bedecken, – der Tannen- und Fichtenwälder, womit die Höhen begränzt sind, – der Schlösser und alten Ruinen, die von manchen dieser Höhen herabblicken, – und der glänzenden Schneegipfel der Karnischen Alpen in der Ferne! – Denn alles dieses, – die ganze Natur ja, war etwas Neues, wenigstens seit lange nicht mehr Gesehenes für mich.

Ich lernte zu Schiska bei Laibach Herrn F. J. S c h m i d t kennen, der ein genauer Kenner der Insecten, besonders aber der Land- und Süßwasser-Conchylien von Krain ist und vortreffliche Sammlungen über diese Zweige der Naturgeschichte besitzt. Er war auf das Zuvorkommendste bereit, mich mit den Eigenthümlichkeiten von Stadt und Land bekannt zu machen. Überhaupt kann ich nicht nachlassen, der freundlichen, leutseligen Behandlung zu gedenken, die ich in den Theilen Österreich's, durch die ich reiste, bei Vornehm und Gering erfuhr. Die Hotels stehen an musterhafter Reinlichkeit den holländischen nicht nach. Die Bewohner sind größtentheils Slaven, die deutsch sprechen und slavisch denken. Der kurz dauernde Schwindel nach nationalen Vereinigungen, der 1847 und 48 die Völker ergriffen zu haben schien, hatte auch in vielen Bewohnern Österreich's den Wunsch nach einem volksthümlichen S l a v e n s t a a t e erregt. Von Sympathie für Deutschland war bei ihnen keine Spur zu bemerken.

Auf meiner Reise von Laibach nach S a l z b u r g vom 4ten bis 6ten November, im Allgemeinen in einer nord-westlichen Richtung, kam ich über die Züge erst der Karnischen, dann der Norischen Alpen. Während im schönen Thale der Sau bei Laibach [Seite 181] noch Alles grün war, genoß ich auf den Pässen über diese Alpen mehr Eis und Schnee, als mir lieb war, zumal da auch am 5ten sich plötzlich die Witterung verändert hatte und arge Kälte eingetreten war.

Ich ging von Laibach den 4ten November um 1 Uhr mit dem Postwagen weg. Die schöne, bebaute Fläche von Laibach, in deren Mitte das alte Schloß von seinem Berge herabschaute, verschmälerte sich nach Nord-West in ein schönes Wiesenthal, von der Sau durchströmt, und in diesem Thale fuhren wir stromaufwärts, – Dörfern und Städten vorbei, zwischen Anhöhen, die überall mit Nadelwaldungen gekrönt waren, dahin. Je weiter wir kamen, je höher wir stiegen, desto romantischer, desto schöner wurde Berg und Thal. – Wir kamen während der Nacht in Schneegestöber über die Jöche der Karnischen Alpen, die zwischen dem Thale der Sau und Drau liegen und fuhren am Morgen des 5ten schon in letztgenanntem Thale stromaufwärts, das ein breiter, flacher mit Dörfern und Städten bedeckter Wiesengrund ist. Nadelwälder standen auf den Jöchen und den Gehängen zu beiden Seiten. Die rechte Kette, die zu den Norischen Alpen gehört, war viel höher und bis zu zwei Drittel herab mit Schnee bedeckt. Der Contrast dieses Schnee's mit dem Dunkel der Tannen und dem schönen Wiesengrün des Thales war imposant. Bis zum Städtchen Spital führt die Straße im Thale der Drau zwischen den Karnischen und Norischen Alpen aufwärts, hier aber verläßt sie das Thal und läuft auf der linken (nördlichen) Thalseite hinan, um die Norischen Alpen zu überklimmen und jenseits derselben in das Thal der Salza herabzusteigen und in diesem Thale dann weiter bis Salzburg zu gelangen.

Wir speisten zu Mittag zwischen 12–1 Uhr im Städtchen Spittal, das auf einer dreieckigen Bergmasse liegt zwischen den zusammenmündenden Bergströmen Drau und Lieser und stiegen von [Seite 182] da anfangs noch der Lieserkluft folgend, immer höher und höher das Gebirg hinan, das mit Nadelholzwäldern und oben mit Schnee bedeckt war, aus welchem die Tannen grün und die entfärbten Lärchenbäume gelblich hervorschimmerten. Bald hemmte das immer dichter werdende Schneegestöber nebst der fallenden Nacht alle Aussicht.

Wir blieben in der Nacht vom 5ten bis 6ten November auf dem höchsten Passe, dem T a u e r p a s s e, dieser Alpen im Schnee stecken, der hier e l l e n h o c h lag, während es noch fortwährend schneite. Dabei war es so furchtbar kalt, daß eine Flasche mit Wasser, die ich zu mir in den Wagen genommen hatte, durch und durch gefroren war. – Ich weiß nicht genau, wie hoch dieser Paß ist, er gehört aber dem Joche der Norischen Alpen an, in welchem sich weiter westwärts der Großglockner (von 11,982 pariser Fuß Höhe) erhebt. Das Dorf Tauern liegt 4800 Fuß und das Taurer Joch 6546 Fuß hoch; wahrscheinlich hat der Paß die letztgenannte Höhe.

Ich hatte vor zwei Monaten auf der Rhede von Batavia, als die Hitze so drückend war, nach Eis, nach Schnee verlangt, – mein Wunsch war nun erfüllt, erfüllt zum Übermaaß! – wie man sich denken kann, – denn die Kälte kam zu plötzlich, der Übergang zu schnell, – so lag ich in meine Decken gehüllt im Wagen und – fror. Auf der einen Seite gähnte uns ein tiefer Abgrund an, der sich u n t e r uns in eine schmale enge Schlucht hinabstürzte, und auf der andern Seite hing eine himmelhohe Felswand ü b e r uns, während keine Spur der Straße mehr zu sehen war. Alles war verweht und es mußten aus einem nahen Dorfe eine

Anzahl Bauern entboten werden, um den Schnee von den gefährlichsten Stellen hinwegzuschaufeln. Dann setzten wir unsere Reise fort.

Bei dieser Gelegenheit lernte ich die äußerst gutherzige, gewillige und behülfsame Art dieser Bergbewohner kennen: es [Seite 183] sind durch und durch gute Menschen. Sie sprachen ein Kauderwelsch, das Deutsch sein sollte, das ich aber eben so wenig verstand, als die Sprache der Singalesen auf Ceylon, die vielleicht noch leichter zu erlernen sein würde, als dieser Norische Alpendialekt, der keine Regeln hat.

Den 6ten November ging unsre Reise immer noch zwischen Schneegebirgen mit grünen Tannen und gelben Lärchen (deren Blätter schon erstorben und entfärbt waren) in Schlangenlinien oder im Zickzack an schroffen Gehängen, oder in dem schmalen düstern Grunde von Thalspalten dahin, wo neben dem brausenden Strome der Weg in Felsen ausgehauen war, die zu beiden Seiten viele hundert Fuß sich erhoben. Oft sah man die pyramidalen Gestalten der Tannenwaldungen auch an den steilsten Wänden kleben.

In einer solchen tiefen Thalspalte fließt auch die Salza (oder Salzach), die sich immer tiefer zwischen den Bergen herabschlängelt und endlich ihre Gebirgsschlucht verläßt, um durch die schöne, nur noch 1408 Fuß hohe Fläche der alten Colonia Hadriana (Juvavia) zu strömen. Wir folgten ihrem Laufe und kamen im Geburtsorte Mozart's, dem Sterbeorte M. Haydn's, um 8 Uhr des Abends an.

Das Erste, was ich hier vernahm, war etwas, das man in Deutschland selten hört, – ein schönes Glockenspiel nämlich, das sich auf dem Residenzpalaste hören ließ, und das zum Andenken an einen anno 1703 mit der holländischostindischen Compagnie abgeschlossenen Handelsvertrag hier errichtet wurde.

Ich wohnte auch noch denselben Abend einem Concerte steyermärkischer Sänger und Sängerinnen bei, die lauter Volkslieder im Volksdialekte sangen, – aber in so lieblichen, so reinen, harmonischen Tönen, wie man sie nur hier im Tyroler Alpenlande hören kann.

Und als ich beim Nachhausegehn über den Michaelisplatz [Seite 184] kam und das Denkmal Mozart's erblickte, – da schien es mir, daß die Bildsäule eines Meisters der Tonkunst nirgends passender errichtet sein könne, als hier, an einem Orte, in der Mitte eines Volkes, wo, wenn auch nicht in dem Maaße, wie der Componist des Don Juan, fast ein Jeder als Tonkünstler oder als Sänger geboren wird.

Ich begab mich am 9ten November mit dem Postwagen von Salzburg nach München, – eine Reise, die durch flache Gegenden in 14 Stunden zurückgelegt wird.

Hier höre ich mit meiner Erzählung auf, denn hier fangen die Eisenbahnen an (die erste, die ich sah), die von hier an das Land durchkreuzen und sich, mit einer geringen Unterbrechung am Rhein, auch bis in das Herz der Niederlande fortsetzen.

Hier nehme ich Abschied vom Leser, denn ich befinde mich nun mitten in Europa, das den meisten Lesern dieses, wo nicht Allen, gewiß besser bekannt ist, als mir.

Allerdings war es anfangs meine Absicht, auch die Bemerkungen, die ich auf meiner Reise durch Deutschland und die Niederlande in mein Tagebuch eintrug, mitzutheilen und aus den letztern einen vierten Abschnitt der Reise: „von Lobith bis zum weißen Thore in Leyden", zu bilden. Da aber keine neuen, weder geographische, noch geologische Bemerkungen in Holland zu machen sind, so hätte ich, um den Leser zu unterhalten, Land und Volk schildern, hätte also von einem Gegenstande sprechen müssen, den der Leser besser kennt, als ich, weil er selbst einen Theil davon ausmacht, während ich nur seit kurzer Zeit und nur ein vorübergehender Bestandtheil davon bin. – Hätte ich mich mit der Beschreibung der Niederlande, also gewissermaßen mit den Lesern beschäftigen wollen, so würde ich oftmals in den Fall gekommen sein, mein Urtheil nicht nur über nationale, sondern [Seite 185] auch über persönliche Verhältnisse zu fällen, was, wie mich dünkt, doch manchmal ein undankbares Geschäft würde gewesen sein.

Allerdings glaube ich, daß das niederländische Volk, als Nation, wie sie dasteht, achtungswerther ist, wie manche seiner größern Nachbarn, sowohl auf der Ostseite des Rheines, als westwärts von der Mosel, wo man g a r nicht mehr weiß, was man will. Wohl habe ich viele höchst achtungswerthe Personen hier kennen gelernt; da ich aber nicht Willens bin, Schmeicheleien zu sagen gegen meine Überzeugung, so würde ich auch vielleicht manchmal Veranlassung gefunden haben, zu gestehen, daß mir das Eine oder das Andere weniger gut gefiele.

Diejenigen z. B. des Volkes, die k e i n e Pedanten sind, würden es mir gewiß nicht übel nehmen, wenn ich meinte, daß es unter den Professoren eine Menge steifer, abgeschmackter Pedanten giebt; – oder diejenigen, welche zu den wahrhaft aufgeklärten freisinnigen Menschen gehören, würden nicht bös auf mich sein, wenn ich erzählte, daß ich, mit Ausnahme der Bewohner in Krain, von der Sundastraße an bis zum Y bei Amsterdam keine Menschen angetroffen habe, die so bigott sind, als m a n c h e Bewohner von Holland, besonders eine gewisse Klasse in Leyden, bei denen

Frömmelei und Heuchelei sich paart; – eben so wenig würden die braven Gelehrten und Naturforscher aufgebracht gegen mich sein, wenn ich behauptete, h i e r einen B o t a n i c u s zu kennen, welcher die Wissenschaft nur als Deckmantel persönlichen Eigennutzes und Großthuns gebraucht und in wissenschaftlichen Unterschleifen und Lügen eine ausgezeichnete Übung besitzt; – auch die Liebenswürdigen unter dem schönen Geschlechte, welche freundliche Anmuth mit Bildung paaren, würden es gewiß nicht auf sich deuten, wenn ich sagte, daß von den Leyden'schen Damen doch ein großer Theil außerordentlich steif, kalt, hoffärtig, zu sehr mit sich selbst und [Seite 186] der Etiquette eingenommen sei; mit einem Worte, v i e l Dünkel besitze, bei wenig Herz, – und eben so wenig würden sich die echt freisinnigen Männer, die Niederland zur Ehre gereichen, darüber ärgern, wenn ich erzählte, daß ich, ungeachtet der freisinnigsten Constitution, die das Land besitzt, kaum irgendwo so hagestolze Aristokraten, die auf ihre Geburt und Andre, die auf ihre Geldsäcke pochen, angetroffen habe, wie hier und da in Holland; – – – wie nun aber, wenn sich unter den Lesern Dieses wirklich einige Pedanten, fromme Heuchler, Betschwestern, wissenschaftliche Lügner und Sophisten, hoffärtige Xantippen, aristokratische Hagestolze, Geldwölfe, deren Beutel schwerer wiegt, als ihr Kopf, u. s. w. befinden möchten? – Wie dann? – Würden diese mir auch so leicht durch die Finger sehen, wenn ich mich unterstanden hätte, so etwas, wie hier oben steht, von ihnen zu behaupten?

Der Herr, der in die Nieren der Könige und der Bettler schaut, bewahre mich vor ihrem Zorn! – Ich will lieber stillschweigen. – Weiß ich doch, daß die Gutgesinnten, die Freisinnigen, Aufgeklärten, Wissenschaft und Kunst Befördernden des Volkes unter beiden Geschlechtern, – und deren Zahl ist überwiegend, – mich verstehn; bin ich doch überzeugt, daß d i e s e nicht verlangen, gelobt zu werden und mir auch gewiß nicht zürnen, wenn ich mich enthalte, die Andern zu tadeln und dieses Geschäft lieber solchen Leuten überlasse, die nichts Besseres zu thun haben.

Lieber Leser! Lebe wohl!

L e y d e n im Januar 1851.

Der Verfasser.

Druck von Breitkopf und Härtel in Leipzig.

Fußnoten:

1 Diese Überfahrt wird Beamten und andern Personen, die dazu empfohlen sind, vom Commandanten der Seemacht natürlich gratis zugestanden, so daß die Passagiere, denen die Offiziere erlauben, an ihrer Tafel Theil zu nehmen, nur 5 Fl. täglich in die Kasse der Menage zu zahlen haben. – Ich fand an Bord eine trefflich bestellte Tafel und von den Herren Offizieren die liebreichste und zuvorkommendste Behandlung.

2 Leider ist derselbe – ein Deutscher, der seine Ausbildung auf der Universität Bonn genossen – im Laufe des vorigen Jahres gestorben.

Anm. des Übers.

3 Nach der kleinen Insel auf der Rhede von Batavia so benannt, auf welcher ein Marineetablissement eingerichtet ist. Onrust bedeutet Unruhe.

4 Man vergl. Fig. 20, die Abbildung der Insel Pontjang kitjil in der Bai von Tapanuli.

5 Gewöhnlich, doch fälschlich Romania genannt.

6 Zufolge malaischer Chroniken giebt Crawfurd an, daß malaische Auswanderer aus Menangkebo auf Sumatra unter Turi Buwana in 1160 den neuen Staat Udjung Tana und dessen Hauptstadt Singapur (von den Sanskritwörtern Singa Löwe und Pura Stadt) gründeten. Der letzte König, der sich nicht zum Islam bekehren wollte, war Sri Iskander Shah. Er wurde von dem Kaiser von Modjopaït auf Java bekriegt, in 1253 von Singapur vertrieben und soll darauf Malaka gestiftet haben. Seit 1253 war Singapur eine Wildniß oder nur der Aufenthalt von Seeräubern (orang laut) bis es sich in 1819 durch Raffles zu seiner jetzigen Größe erhob.

7 Man sehe diese Sammlungen im Reichs-Museum für Naturgeschichte zu Leyden.

8 In manchen Cabin's war nur eine, in manchen waren 4, in den meisten aber waren zwei Schlafstellen und wo mehre waren, befanden sich stets zwei übereinander. Es war ein Schiff von 800 Tonnen Last und 80 Pferdekraft.

9 Nachdem sie schon vor dieser Zeit zweimal, wenn auch nur für kurze Zeit, im Besitz der Briten gewesen war, nämlich das erste mal in 1795 bis zum Frieden von Amiens, und das zweite mal während des Continentalkrieges bis 1814.

10 Malaka (sunda'sch) und Kamlaka (java'sch) ist auf Java der Name des Bäumchens Emblica officinalis *Gärtn*.

11 Wie C. Ritter sie nennt (Asien IV, 1, p. 42).

12 Wenn W a r d u. A. von drei Bergketten sprechen, welche von Süd nach Nord durch die Insel streichen sollen, so können mit zweien davon nur Vorgebirge oder Vorgebirgszüge gemeint sein, die eigentlich nur schief ausgebreitete Rippen der (einzigen) Hauptkette sind. Eine solche, weniger hohe Vorkette ist unter andern die, worauf wir jene Villa erblickten.

13 Einrichtung und Preis der Palankin's ist eben so wie zu Singapur.

14 Pulu: I n s e l; Penang (Poön-Penang d. i. Baum-Penang) ist der malai'sche Name der überall in den Dörfern Indien's gepflanzten Palme: Areca communis, welche die beim Betel-(Siri-)kauen gebräuchlichen Nüsse liefert, also Pulu-Penang eigentlich Betelnußbaum-Insel, von den Engländern auch Prinz Wales-Insel genannt.

15 Oder nach dem Siedepunkt des Wassers bestimmte Höhe. – Wir sahen am 12ten Abends den Saum der Kette nur in der Entfernung von 47 bis höchstens 49 geographischen Minuten noch deutlich; hiernach kann er nicht höher als h ö c h s t e n s 2000 par. Fuß sein (2121 engl.), weil bekanntlich (wegen der Rundung der Erde) 2000 Fuß hohe Gegenstände nur 49-1/5 Minuten (12,30 Meilen) weit sichtbar sind.

16 1000 Siccaropijen = 1333 holl. Gulden.

17 Verirrte Landvögel, die einen Ruhepunkt suchen auf dem Schiff und ermüdet vom Fliegen, sich leicht mit den Händen fangen lassen, sind eine den Seefahrern gewiß sehr gewöhnliche Erscheinung.

18 Der Zeitgenossen Alexander's des Großen, Ptolemäus, nach ihm Strabo etc.

19 Hirudo ceylanica *Blainv.* (s. unt.)

20 Auf Java wird Salpeter aus der Erde bereitet, welche den Boden der Höhlen in tertiären Kalksteinbänken bedeckt. Diese Erde ist aber mit dem Miste der Fledermäuse vermengt, die schaarenweis in den Höhlen wohnen.

21 In Beziehung auf Aden selbst kann sie richtiger die n ö r d l i c h e genannt werden, da der größte Theil der Halbinsel im Süden derselben liegt, in Beziehung auf die Aden-Bai aber (auf der Ostseite der Halbinsel) die westliche; s. Fig. 16.

22 Oder Sumali, Somauli, deren einige Hundert zu Aden wohnen.

23 Hier endigt sich nämlich die westliche oder Back-Bai an dem Isthmus, der die Halbinsel mit Arabien verbindet.

24 Dem steilen Ufergehänge, in das er sich hier zum westlichen Gestade der Aden-Bai herabsenkt, liegt ganz nahe (in Osten) die kleine, hohe Insel Sira vor.

25 Beim Einsteigen in die Wagen zu Suez war ich gezwungen, den größten Theil der gesammelten Steine wegzuwerfen, weil (aus Mangel an Platz) sich meine Reisegenossen über das viele Gepäck beschwerten.

26 Es wurden diese Körper zu Leyden einer genauen chemischen Prüfung unterworfen, so daß über die Richtigkeit der Bestimmung kein Zweifel bestehen kann.

27 Liquidambar Altinghiana.

28 Man sehe „Java, deszelfs gedaante, bekleeding en inwendige structuur." Amsterdam, 1851. D. 2, p. 812 en 908. (Von diesem Werke kommt in demselben Verlage, wie diese Rückreise, eine deutsche Ausgabe nach der eben begonnenen zweiten holländ. Auflage heraus, in welcher jedoch bis jetzt die Beschreibung der erwähnten Krater noch nicht erschienen ist.) J. K. H.

29 Das Vorstehende ist die Bedeutung dieses arabischen Wortes.

30 Groß Harnish- (حر نين), klein Harnish-Insel und andre auf der Karte des rothen Meeres von R. M o r e s b y (Chart of the Red Sea etc. Surveyed in the years 1830–1833 by Capt. T. Elwon et Lieut. H. N. Pinching, and completed in 1833 and 1834 by Commander R. Moresby and Lieut. G. Carless, Indian Navy).

31 Tar bei Ritter und „Jibbel Tir, Teer oder Teir", 900 Fuß hoher stets thätiger Vulkan bei Moresby a. a. O., – unter 15° 32 bis 33' nördlicher Breite, der arabischen Küste viel näher, als der egyptischen.

32 Ich bedaure, beim Niederschreiben Dieses, das Werk von T. E. Gumprecht, „Die vulkanische Thätigkeit auf dem Festlande von Afrika, in Arabien und auf den Inseln des rothen Meeres (Berlin, 1849)," und über die Bergsysteme dieser Länder überhaupt, die Schriften von Russegger nicht haben vergleichen zu können.

33 So nennen die Araber die große Seekuh (Dugong) Halicore tabernaculi *Rueppell*, die dem rothen Meere eigenthümlich ist. Sie soll in den nördlichen Theilen des rothen Meeres nicht selten sein und unter andern oft an den Ufern der Insel (Giziret) el Tirahn gesehen werden, die vor dem Eingange des Golfes von Akaba liegt.

34 Siehe Poggendorf's Annalen der Physik und Chemie, XVIII, p. 504.

35 Siehe dessen „Mémoire sur le phénomène de la coloration des eaux de la mer rouge," in den Annales des sc. nat. 3. ser., botanique. Paris, 1844. T. I, p. 332, u. s. w.

36 Das baktrische oder zweibucklige Kameel Ost-Asiens wird in Egypten nicht gesehen.

37 A. von Humboldt, Ansichten der Natur.

38 Auch auf der andern Seite von Cairo ist die Telegraphenlinie durch das Delta bis nach Alexandrien fortgesetzt.

39 Recherches sur les Réfractions extraordinaires, qui ont lieu près de l'horizont. Paris, 1810. 4.

40 Dies ist einer von den Namen, welche der Küstenstrich zwischen Suez und Cairo bei den Arabern führt.

41 Ein Schilling gilt 4½ egyptische Piaster oder 36 Para (ein Piaster 8 Para).

42 So viel beträgt ohngefähr die Entfernung von der Citadelle bis zu den Pyramiden von Gizeh.

43 Man vergleiche hiermit Fig. 20. – Dies Bildchen stellt die kleine Insel (Pulu) Pontjang kitjil in der Tapanuli-Bai auf der Westküste von Sumatra vor, welche lange Zeit der Hauptplatz der

Gouvernementsbesitzungen in den Batta-Ländern war. Ich habe diese Ansicht noch hinzugefügt, um den ungeheuren Contrast zwischen der unfruchtbaren Dürre der egyptischen Landschaft und dem üppigsten Pflanzenwuchse der Sunda-Inseln recht augenfällig zu machen; denn hier findet man kein einziges Fleckchen des Bodens, welches nicht mit Bäumen oder Sträuchern bedeckt ist. Die Gebäude dieser Insel liegen unter dem Schatten hoch aufgeschossener Kokospalmen und anderer Fruchtbäume verborgen, während die Bergketten von Sumatra im Hintergrunde mit dem dunklen Grün der Urwälder bekleidet sind, die sich wie ein einziger Wald weit und breit dahinziehen. – Hier sieht man den feuchten Boden fast eben so mit grünen Blättern bedeckt, wie dort mit trocknen Sandkörnern.

44 Pyramide Nr. 2 = Dolerit von schwärzlicher Farbe und Nr. 3 = feinkörniger Syenit, sind von behauenen Blöcken, die am Fuße der kleinen Pyramiden, neben der größern, herumliegen.

45 Über dem Nilthale war dieser Punkt wahrscheinlich 650 Fuß hoch.

46 Wovon 15 auf einen Äquatorgrad gehen.

47 Der höchste Punkt des Karstgebirges beträgt 1486 par. Fuß.

Anmerkungen zur Transkription:

Das Original ist in Fraktur gesetzt.

Abbildungen wurden aus der Mitte von Absätzen zum Ende derselben verschoben.

Die 3 arabischen Ausdrücke in diesem Text wurden getreu dem Original dargestellt; sie sind allerdings aus heutiger Sicht potentiell fehlerhaft und würden in modernerem Arabisch folgendermassen geschrieben:

- Text auf Seite 110: جبل زقر
- Text auf Seite 113: زبير
- Text in Fußnote 30: حرنيش

Das Format der Abbildungsunterschriften wurde vereinheitlicht.

Schreibweise und Interpunktion des Originaltextes wurden übernommen; lediglich offensichtliche Druckfehler wurden korrigiert.

Beibehalten wurde:

- Böte an einige Stellen statt Boote
- Ebn Batuta (Seite 98) statt Ibn Battuta
- Evonymus europaeus (Seite 178) statt Euonymus europaeus
- Krawang (Seiten 2 und 3) statt dem korrekten Namen Karawang (in Indonesien)
- Lieut. G. Carless (Fußnote 30) statt Lieut. T. G. Carless
- Pelopones (Seite 168) statt Peloponnes
- Peninsular and Oriental Steam Navigation Compagny (Seite 61) statt Peninsular and Oriental Steam Navigation Company

Einige Ausdrücke wurden in beiden Schreibweisen übernommen:

- Alexandria (Seite 70) und Alexandrien (verschiedene Seiten 21fach)
- an einander (Seiten 21, 23, 45, 48 und 159) und aneinander

(Seiten 23 und 59)
- an kam (Seite 10) und ankam (Seiten 6 und 46)
- Ansehen (Seiten 9, 21, 23 und 134) und Ansehn (Seiten 23, 46, 72, 91, 121, 146, 166, 168, 170 und 177)
- begrenzen, begrenzte und ähnliche Varianten und begränzen, begränzte und ähnliche Varianten (verschiedene Seiten)
- bestehen (Seiten 15, 24, 44, 55, 65, 74, 77 und 158, Fußnote 26) und bestehn (Seiten 86, 96 und 173)
- bräunlich-dunkel (Seite 120) und bräunlich dunkel (Seite 170)
- Commandanten (Fußnote 1) und Kommandanten (Seite 30)
- das erste mal (Fußnote 9) und das Erstemal (Seite 39)
- direct (Seite 57) und direkt (Seiten 30, 110, 120 und 123)
- dunkle (Seiten 38, 41, 61, 71, 73, 111 und 170) und dunkele (Seiten 13 und 20)
- dunkeln (Seiten 3, 11, 62, 109 und 156) und dunklen (Seiten 39, 40, 143, 154 und 169)
- dunkleren (Seite 72) und dunklern (Seiten 75 und 122)
- dunkelgefärbt (Seite 77) und dunkel gefärbt (Seite 121)

- düster (Seiten 14 und 169) und düstrer (Seiten 37 und 80)
- düstren (Seite 49) und düstern (Seiten 19, 79 und 183)
- düstere (Seite 11) und düstre (Seite 37)
- eigenen (Seiten 82 und 161) und eignen (Seite 99)
- erhabner (Seite 38) und erhabener (Seite 52)
- flach convexen (Seite 177) und flach-convexen (Seiten 17 und 74)
- gesehen (verschiedene Seiten 26fach) und gesehn (Seiten 68 und 135)
- größeren (Seite 5) und größern (verschiedene Seiten 21fach)
- Gunung-Parmasan (Seite 11) und Gunung Parmasan (Fig. 1)
- heitrem (Seiten 50 und 168) und heiterem (Seiten 8 und 9)
- heitres (Seite 53) und heiteres (Seite 30)
- hell gefärbt (Seite 38) und hellgefärbt (Seiten 71, 75 und 79)
- hinter einander (Seiten 8, 10, 120, 149, 156 und 168) und hintereinander (Seiten 11 und 12)
- höhern (Seiten 1, 105, 150 und

151) und höheren (Seiten 10, 14 und 170)
- Kesselthals (Seite 94) und Kesselthales (Seite 105)
- Kommandanten (Seite 30) und Commandanten (Fußnote 1)
- lang hingezogene (Seite 88) und langhingezogene (Seite 49)
- Maaße (Seiten 172 und 184) und Maße (Seiten 47 und 112)
- malaischen (Seiten 19 und 27) und malai'schen (Seiten 33, 35, 36, 42 und 47)
- malaische (Fußnote 6) und malai'sche (Seite 40 und Fußnote 14)
- Meerbusens (Seiten 118, 122 und 174), Meerbusen (Seiten 117, 118, 168 und 169) und Meeresbusen (Seite 105)
- neuern (Seiten 97, 98 und 116) und Neueren (Seite 54)
- Nil-Schlamm (Seite 155) und Nilschlamm (Seite 143)
- oben genannten (Seiten 111 und 145) und obengenannten (Seite 171)
- Postationen (Seiten 32 und 134) und Post-Station (Seite 139)
- Pulu-Penang (Seiten 47 und 49) und Pulu Penang (Seiten 32, 36, 38, 43, 46 und 48)
- sehen (verschiedene Seiten

35fach) und sehn (Seiten 26, 124, 138 und 155)
- seidenen (Seite 148) und seidnen (Seite 26)
- Siccaropoijen (Seite 50) und Siccaropijen (Fußnote 16)
- Singapure, Singapur und Singapore (verschiedene Seiten)
- stehen (Seiten 13, 59, 103, 132, 160, 161, 164 und 180) und stehn (Seiten 25, 47, 113, 149 und 176)
- Sumatras (Fig. 6) und Sumatra's (Seiten 10 und 66)
- todtstill (Seiten 6 und 38) und todtenstill (Seite 150)
- todtstille (Seite 48) und Todtenstille (Seite 127)
- ungeheuern (Seiten 61 und 84) und ungeheuren (Seiten 73, 136, 154 und 155)
- unseres (Seiten 13, 14, 29 und 44) und unsers (Seiten 53 und 78)
- unteren (Seite 77) und untern (Seiten 7, 56, 71, 111, 126, 140 und 141)
- ziehen (Seite 159) und ziehn (Seiten 81, 100 und 163)

Folgende offensichtliche Druckfehler wurden korrigiert:

- geändert wurde

"Farbe seiner Ringmauer erkannten. Der flache"
in
"Farbe seiner Ringmauer erkannten.[4] Der flache" (Seite 17, Fußnotenanker zugesetzt)
- geändert wurde
"«stop,» – laat vallen het anker!»"
in
"«stop,» – «laat vallen het anker!»" (Seite 20)
- geändert wurde
"nächste gerundete Hügel nordwestwärts hinter der"
in
"nächste gerundete Hügel nord-westwärts hinter der" (Seite 21)
- geändert wurde
"bezahlte Passagegelder abgefordert."
in
"bezahlten Passagegelder abgefordert." (Seite 29)
- geändert wurde
"der Kolonialen (Neêrlandsch-Indischen) Marine, der"
in
"der Kolonialen (Nêêrlandsch-Indischen) Marine, der" (Seite 30)
- geändert wurde
"an Bord der Flußdampfschiffe

auf dem Nil."
in
"an Bord der Flußdampfschiffe auf dem Nil.)" (Seite 31 Tabelle)
- geändert wurde
"deren Wandartigen Felsgestaden, die"
in
"deren wandartigen Felsgestaden, die" (Seite 37)
- geändert wurde
"Reihenförmig und bilden eben solche"
in
"reihenförmig und bilden eben solche" (Seite 45)
- geändert wurde
"augenblicklich gestopft wurde, so"
in
"augenblicklich gestoppt wurde, so" (Seite 54)
- geändert wurde
"bis Pointe de Galle gleichsam"
in
"bis Point de Galle gleichsam" (Seite 56)
- geändert wurde
"in manchen drei, vier in wenigen"
in
"in manchen drei, vier, in wenigen" (Seite 62)
- geändert wurde

"Seite des Botes, das"
in
"Seite des Bootes, das" (Seite 67)
- geändert wurde
"einer Fahrt von eilf vollen Tagen"
in
"einer Fahrt von elf vollen Tagen" (Seite 68)
- geändert wurde
"Punkte anf dem hellern Sandgrunde"
in
"Punkte auf dem hellern Sandgrunde" (Seite 74)
- geändert wurde
"Vasco de Gama"
in
"Vasco da Gama" (Seite 76)
- geändert wurde
"„E d r i s i   (1150) nennt Socotora berühmt durch seine Aloë."
in
"„E d r i s i   (1150) nennt Socotora berühmt durch seine Aloë.“" (Seite 76)
- geändert wurde
"Lage scheint nord-west-wärts in Beziehung"
in
"Lage scheint nord-westwärts in Beziehung" (Seite 78)
- geändert wurde

"schlechten Reiter herabplumpten in den Sand"
in
"schlechten Reiter herabplumpsten in den Sand" (Seite 83)
- geändert wurde
"(umbra-braune) Kolorit und waren"
in
"(umbrabraune) Kolorit und waren" (Seite 88)
- geändert wurde
"bald sind sie ganz bimsteinartig porös."
in
"bald sind sie ganz bimssteinartig porös." (Seite 90)
- geändert wurde
"aus Holz, Bambus Schilf und Dattelpalmblättern"
in
"aus Holz, Bambus, Schilf und Dattelpalmblättern" (Seite 93)
- geändert wurde
"ich eine stacheligte Acacia,"
in
"ich eine stachelige Acacia," (Seite 93)
- geändert wurde
"Journ. of the Roy. Asiat. Soc. of. Gr. Britan. and Ireland."
in

"Journ. of the Roy. Asiat. Soc. of. Gr. Britain. and Ireland." (Seite 97)
- geändert wurde
"und Malcomson verschaffen, die ich"
in
"und Malcolmson verschaffen, die ich" (Seite 98)
- geändert wurde
"nach Malcomson's eignem Bericht, die"
in
"nach Malcolmson's eignem Bericht, die" (Seite 103)
- geändert wurde
"diese atmospärische Feuchtigkeit, die"
in
"diese atmosphärische Feuchtigkeit, die" (Seite 103)
- geändert wurde
"welche war die erst vorhandene Erscheinung"
in
"welche war die erst vorhandene Erscheinung" (Seite 108)
- geändert wurde
"unter 14° n. Br. gegegenüber, die zu unsrer"
in
"unter 14° n. Br. gegenüber, die zu unsrer" (Seite 110)
- geändert wurde

"gegegenüber, die zu unsrer"
in
"gegenüber, die zu unsrer" (Seite 110)
- geändert wurde
"vor den Bergen zogen sich der stahlblaue,"
in
"vor den Bergen zog sich der stahlblaue," (Seite 119)
- geändert wurde
"und so sahe man in dem engen"
in
"und so sah man in dem engen" (Seite 125)
- geändert wurde
"beladenen Kameelheerden, denen wir öfters vorbeiflogen, gaben"
in
"beladenen Kameelheerden, an denen wir öfters vorbeiflogen, gaben" (Seite 134)
- geändert wurde
"Schon mehrmals waren wir Sandabhängen vorbeigekommen,"
in
"Schon mehrmals waren wir an Sandabhängen vorbeigekommen," (Seite 135)
- geändert wurde
"wenig, wie das rechte in dieser Gegend"

in

"wenig, wie das rechte, in dieser Gegend" (Seite 151)

- geändert wurde
"Trinkwasser lieferten, 2, – zusammen"
in
"Trinkwasser lieferten 2, – zusammen" (Seite 161)
- geändert wurde
"als weiße, grade oder geschlängelte"
in
"als weiße, gerade oder geschlängelte" (Seite 170)
- geändert wurde
"Uhr grade rechts gegenüber"
in
"Uhr gerade rechts gegenüber" (Seite 170)
- geändert wurde
"Bintang Rio nämlich südwestwärts vom Fort und"
in
"Bintang Rio nämlich südwestwärts vom Fort und" (Seite 170)
- geändert wurde
"Das nördliche Ende von Ithaca, hinter"
in
"Das nördliche Ende von Ithaka, hinter" (Seite 171)
- geändert wurde
"den Namen Hotel

n a t i o n a l führte, den"
in
"den Namen Hotel National führte, den" (Seite 175)
- geändert wurde
"stark geneigten, graden, zuweilen aber"
in
"stark geneigten, geraden, zuweilen aber" (Seite 176)
- geändert wurde
"im Städtchen Spital, das auf einer dreieckigen Bergmasse liegt zwischen den zusammenmündenden Bergströmen Drau und Liesa und"
in
"im Städtchen Spittal, das auf einer dreieckigen Bergmasse liegt zwischen den zusammenmündenden Bergströmen Drau und Lieser und" (Seite 181)
- geändert wurde
"noch der Liesakluft folgend, immer"
in
"noch der Lieserkluft folgend, immer" (Seite 182)
- geändert wurde
"Insel Bangka. Muntok"
in
"Insel Bangka, Muntok" (Fig.

3)
- geändert wurde
  "by Kapt. T. Elwon et Lieut. H."
  in
  "by Capt. T. Elwon et Lieut. H." (Fußnote 30)
- geändert wurde
  "Ritter und „Jibbel Tir, Teer oder Teir, 900 Fuß"
  in
  "Ritter und „Jibbel Tir, Teer oder Teir", 900 Fuß" (Fußnote 32)
- geändert wurde
  "Ein Schilling gilt 4½ egyptische Piaster oder 26 Para (ein Piaster 8 Para)."
  in
  "Ein Schilling gilt 4½ egyptische Piaster oder 36 Para (ein Piaster 8 Para)." (Fußnote 41)

www.ingramcontent.com/pod-product-compliance
Lightning Source LLC
Chambersburg PA
CBHW020814230426
43666CB00007B/1009